アメリカ白人という奇妙な生き物

その生態と正体 公式ガイドブック

クリスチャン・ランダー 著　ライス山村直子 訳

清流出版

目次

編集協力　藤野吉彦　　装丁・本文設計　柴田淳デザイン室

1 コーヒー

Coffee

白人って間違いなくコーヒーが好き。もちろん、アジア人はアイスコーヒー好きだし、どんな人種だってコーヒーを楽しむけれどね。とにかく大人ぶって、クラスで最初にコーヒーに口をつけるのは白人だ。どう見てもはじめは口に合わないくせに、とにかく好きになれるまで飲み続ける。タバコみたいだよね。

白人が本当にコーヒー好きになるのは年を取り始めてからなんだ。そのころになると、自らを「コーヒー中毒」と称して、「朝のコーヒーを飲む前の僕は会えたもんじゃないヨ」なんて言うようになる。コーヒーを、「コーヒー」と呼ばず、「ロケット燃料」とか「ジャバ」とか「ジョー」「黒い金塊」とか、なんだかんだと言い替えをする。まあ、どれもこれもカッコつけ。

白人にとって、どの店でコーヒーを飲むかということは、コーヒーを飲むことと同じくらい重要だ。たいていの白人は、

「スターバックスも、とうとう世界的企業に成り下がったな」なんて憎まれ口をたたきながらも、実はスターバックスを愛している。旅先の空港でスタバを見つけると安心して、憎まれ口はどこへやら。

白人がコーヒーを飲みたい店のナンバーワンは、やっぱり地元の独立系コーヒーショップだ。いろんなドリンクやワイヤレスインターネット、それに「部屋貸します」「バンドのベース募集中」なんてチラシの貼られた掲示板があればもう最高。

みんなが「液状の搾取」というべき普通のコーヒーを飲む中で、発展途上国の人々を助けるフェアトレード・コーヒーを買って飲むオレ／ワタシ。正しい白人として「ボーナスポイント」を稼げる上、世界に貢献しているという自己満足に浸れる。二ドルくらい高くっても、十分、払う価値アリなんだよ。

2 ファーマーズマーケット

Farmer's Markets

灯りにたかる蛾のごとく、白人はファーマーズマーケットに引き寄せられる。その本能はとても強く、土曜日の朝に白人を放せば、エコバッグに果物や野菜を詰め込んで帰ってくるのは間違いない。

白人がファーマーズマーケットを好む理由はいくつかある。一つ目は、地元経済と小規模ビジネスを支えたいというあくなき欲求だ。お百姓さんから直接食料を買えると思うと、全白人を震撼させた「ファーストフード・ネイション」（訳注）の恐怖が和らぐのだ。

その他の理由には、屋外であること（白人は外にいるのが大好き）、犬や高級ベビーカーに載せた子供を連れて行けること、そして他の白人に会えることなどがある。独り身であれば、サステイナビリティ（環境保護しながらの持続的発展）への情熱を分かち合う白人パートナーとの出会いに最適だ。

白人の友達と楽しく交遊を深めたいのなら、ファーマーズマーケットが一番だよ。

（訳注）ハンバーガーチェーンを舞台に食品生産にまつわる衛生問題や環境破壊を扱った二〇〇六年公開の映画。オリジナル本の著者エリック・シュローサーが脚本を手がけた。

3 オーガニック食品
Organic Food

富と権力の大半を握る白人は、世界でも抜け目ないと思われている。歴史を見ても、まあ大概その通り。しかし、そんな白人にも実は大きな弱点がある。オーガニック食品だ。

白人は、「オーバーオールを着てトラクターを運転する、農薬を使わない人々」がオーガニック食品を作っていると信じている。ファーマーズマーケットに出ている商品もしかり。たいていは価格を引き上げるためだけに「オーガニック」を名乗る巨大企業が生産しているんだけれど、オーガニックと聞くだけで、もう白人は理性を失ってしまう。もし明日、全世界がオー

ガニック食品に完全移行したとしても飢えも凶作もなくならないのだけれど、そんなことは気にしない。

白人にとってそんなことはどうでもいいのだ。農薬を口にしない限り、ほぼ永遠に生きられると思っているんだから。コロンビアのドラッグ王が「オーガニックコカイン」を売り始めたら、間違いなく巨万の富を築けるだろうね。

4 多様性 Diversity

白人は「多様性は素晴らしい」と言うけれど、それはレストラン関係に限ったこと。

ロサンゼルス、サンフランシスコ、ニューヨークなどの白人は、同じストリートでスシもタコスも食べられる大都市の多様性について、何時間でも誇らしげに語り続ける。ところが自分の子供となると、よりよい教育を求めて白人だらけの私立校に行かせるのが常だ。重要なのは、白人はこの事実に触れられたがらないこと。既に感じている負い目がますます大きくなっち

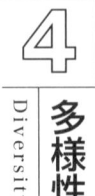

ゃうからね。

エスニックレストランの経営者は、サンドイッチやパスタ以外の食べ物にトライする白人客の勇敢さと文化程度の高さをたたえてあげるといい。彼らは必ず常連になって、たくさんチップを残してくれるようになるから。レストラン経営者でない場合も、食べ物に関して勇敢、と白人を褒めるのはお勧めだ。一年くらい浮かれ続けるからね。

5 バラク・オバマ

Barack Obama

白人はバラク・オバマが好き。というか、そう言わないと人種差別主義者扱いされるのではないかと脅えている。

6 外に出ない人に罪悪感を植え付けること

Making You Feel Bad for Not Going Outside

前にも書いたけれど、白人は外にいるのが大好きだ。でも彼らが、テレビでスポーツ鑑賞をしたいとかビデオゲームで遊びたいとかいう人に罪悪感を植え付けるのも好きだ、ということはそれほど知られていない。こういう白人に腹を立てたくなるのは理解できる。が、その前に思い出してほしい。ハイキング、散歩、サイクリングこそ、人間に与えられた最高のレジャーだと彼らは固く信じているんだ。

自由な時間を楽しもうとしている人を見ると、彼らは「ハイキングに行こうよ」と声をかける。ほとんどの人は「お誘いはうれしいけど、今週は仕事が忙しくて疲れたし、この試合を見るのを楽しみにしてたんだ」という風に断るのだけれど、白人は「カウチにしがみついてるなんて人生をムダにしてる」などとしつこく言う。しかし、無視していればいずれ立ち去る。

白人がらみではよくあることだけれど、一緒に行こうが行くまいが、結局彼らが「勝ち組」になるようにできているのだ。一緒にハイキングに行けば、白人は誰かをカウチから引きはがしてさわやかなアウトドアの世界へ連れ出したことを得意に思う。一緒に行かなければ、ハイキングの間中「あ~気持ちいい。自分が何を逃したか分からないなんて、Xはバカだよな

あ」などと言って、自己満足とオーガニックジュースと高級スナックに酔いしれるんだ。

7 アジア系の女の子
Asian Girls

白人男性の九五%は、人生のいずれかの段階でイエローフィーバー（訳注1）にかかる。この現象には、有色人種の投票を妨げた人頭税制度、日系人の強制収容、日本への原爆投下、ベトナム戦争などなどに対する罪悪感も影響している。またこれはインタラクティブな現象で、アジア系の女の子もたいてい白人男が好き。ちなみに白人の女の子は決してアジア系の男になびかない。近代史における例外は、ブルース・リーとポール・カリヤ（訳注2）の父ちゃんだけだ。アジア系の女の子が白人男になびくのは、厳格で頭が古い父親に対する仕返しってことが多い。黒人男というオプションもあるけれど、移民一世のおばあさんに心臓発作を起こさせてはいけない、と躊躇しがちだね。

アジア人女性が大好きなあまり、白人男性は「サンドラ・オーはセクシーだ」と発言したり、アジアの国で英語を教えたり、アジア系が好む男女混合バレーボールのリーグに参加したり、カナダのUBC（ブリティッシュコロンビア大学。別名University of a Billion Chinese＝数十億人の中国人がいる大学）に入学したりと、究極の行動に出る。白人男がアジア系女性に引かれる要素としてはほかに、白人女性がうらやむグループだってこともある。

例えばだ。アジア系女性は三〇～四〇代になっても、ボトックスやヨガ、流行ダイエットの助けなしで、ティーンか女子大生に見間違えられる。また白人女性と違い、中年になってからの精神不安定、離婚、子育てと無関係の趣味なんかとは縁がない。

白人男とアジア系の女の子が結婚すると、見目良く小生意気なハイブリッドベビーが生まれる。この子たちの行動パターンはたいてい、どちらかというと白人的だ。つまりこれは、人口競争で白人がアジア系に追いつくための方法でもあるんだよ。

（訳注1）もともとは「黄熱病」の意味だが、ここでは「黄色人＝アジア系に夢中になること」にかけている。

（訳注2）日系人の父を持つプロアイスホッケー選手。

8 NPO

Nonprofit Organizations

NPO（非営利団体）の九五％を白人が占めていることは周知の事実だ。白人はNPOが好きで好きでたまらない。

白人がNPOで働くのにはたくさん理由があるけれど、ナンバーワンは「自分が重要に思えること」だ。金のためだけでなく社会のために働いている、なんて友人や両親に自慢できるからね。

NPOに辛抱強く勤めることができた白人には、高収入も待っている。NPOはトップエグゼキュティブを逃さないよう、他業界の類似ポジションと同レベルの給与を提供するからだ。

したがって、「非営利」団体に勤めながら一〇万ドル超の年収は可能だし、責任やプレッシャーとも無縁。どこに行っても白人は勝ち組であること間違いなしだ！

9 茶 Tea

白人が年間、平均二五種類の茶を消費するということはよく知られている。

昔、世界のあちこちへ出かけていった白人は、インドやスリランカで茶に出会い、突然、茶道楽になった。そして時が経つにつれ「一種類じゃ足りねーぜ」と思い始め、今や緑茶、カモミール茶、チャイ、白茶、紅茶、ジャスミン茶、ウーロン茶、黒茶、オレンジピコーなどなど多様な茶を飲むようになった。白人相手に様々な茶を配達する店やウェブサイトまで登場している。

白人と同席した場合には、「今お茶に凝っているんです」「おいしいお茶を煎れてソファで素敵な本を読むのが好きで」などと言うのがお勧めだ。ただし、茶を手に入れるために白人が植民地を作ったという話は禁物だよ。悲しい気分にさせちゃうからね。

10 黒人の友達を持つこと

Having Black Friends

黒人の文化と歴史に対する白人の熱中ぶりについては、あちこちで論じられている。実際、今日のヒップホップ、ジャズ、ブルース、そして黒人史のファンの大半を占めるのは白人だ。例えば、プリンストン大学でアフリカ系アメリカ人史を教える黒人の哲学者であり公民権活動家のコーネル・ウェストのことを話題に持ち出せば、白人の中には尊敬の念で涙を流す者もいるだろう（ごくまれだけどね）。したがって、白人が黒人の友達を持ちたがるのも容易に想像がつく。黒人の友達がいるとステキなことがたくさんあるんだ。

中でも最も重要なのは、自分が人種差別主義者ではないという物的証拠になることだ。全人種の友達を作れた場合には、

「地上で最も人種差別から遠い白人」として公式認定されることを知ってるかな。実際には不可能だけれど、白人はそれを仏教の悟りと同じようなものとしてとらえている。たとえ達成が不可能であろうと試みることに意義があるってね。

また、黒人の友達がいると黒人文化の通《つう》だという証明にもなる。白人の多くは何かの専門家として認知されるべく日々奮闘しているし、特に黒人から友達と認められ一目置かれたいと思っているんだ。それを一生の目標に定める者も少なくない。一見けなげなんだけれど、気前よく賞賛を浴びせるのはちょっと待ってほしい。この目標を達成した白人は扱いが難しくなるからね。褒め言葉は辛口コメントと上手に混ぜながら小出しにするのがコツだよ。「パーティで KRS-One を流すなんてだめだな。みんなが知ってる黒人ラッパーで満足してるようじゃあね。でもまあ、全体的にはうまくやったと思うよ」

もう一つ特筆すべきなのは、白人が皆、黒人が多いバプティスト派の教会や地元のバーベキューレストランに連れていってもらいたがっているということだ。「ホンモノのアフリカ系ア

メリカ人体験」に憧れつつも、一人では怖くて行けないからね。

とにかくまあ、黒人の友人を数多く（白人語で「2人」を意味する）持つことによって、周りに本物の黒人がいない場面で「現地に通じた専門家」として発言権を得られる。

白人の中には、友情より一歩進んで黒人との恋愛関係を探し求める者もいる。黒人との交際、結婚、それに伴う子づくりは、白人がなしうる最良の行いの一つなんだ。だって黒人と子供を作れば一生、義憤にかられたり、白人の子しかいない友人に対して優越感を感じたりできる。ただし黒人との子作りも、「外国からの養子縁組み」（72参照）の人気には及ばない。

11 ヨガ
Yoga

発祥地こそインドのヨガだけれど、世界に広がる人気の枝葉が最も元気に茂っているのは、富裕な白人地区だ。多大な資金と時間がかかるヨガは、両方をたっぷり持ち合わせた白人に浸

透した。

　ヨガとはつまるところ、指導のもとで行う柔軟運動だ。さらに上級のヨガとは、とっても暑い部屋で行う普通のヨガのこと。

　ヨガは無駄をそぎ落としたミニマリスト的活動なのだから、場所は問わないと思うかもしれない。しかし、それは大間違い。フローリングの施されたスタジオで行ってこそヨガなのだ。梁がむき出しのオシャレなスタジオは、ヨガ体験を四〇％割り増しすると信じられている。

　また、ヨガは競争ではないのだから、動きやすい限り服装も問わないと思うかもしれない。ところが、それも大間違いだ。ヨガとは単なるレジャーを超越した活動であって、厳しい修行に耐える八〇ドルの特製パンツがなくちゃダメなのだ。

　最後にこれまた大事なのは、エキゾチックな異国情緒を楽しめること。白人にとってヨガは、「柔軟性と高級衣類を見せびらかす」ことを教義とした宗教みたいなものだ。実は密かに、長年のインド植民への罪滅ぼしも期待しているんだけれどね。

12 優秀な子供

Gifted Children

白人は「優秀な」子供が大好きだ。なぜか。それは、白人界における「優秀な子供率」が驚異の一〇〇%を誇るからだ。すごいでしょう!

優秀ではない白人の子が最後に観察されたのは一九六二年、カリフォルニア州のレシーダだ(訳者注=これはまじめくさった冗談)。以後は至って順風満帆。

振り分けの仕組みを説明しよう。まず実際に賢い白人の子は早期に「優秀」と認められて特別クラスに入れられ、いずれは大学、さらにロースクールか医大へと進学する。

医者でも弁護士でもなく、大して賢くもない白人だっているだろうって? いやいや、白人は常に勝ち組になるようにできているのだ。たとえ成績が悪く学校の落ちこぼれでも、白人の子は「優秀」。なぜかって? 彼らは学校という枠にはめるには「賢すぎる」ってことになるからだ。独創的すぎて、学校が決めた日々の決まり事になんかかまっていられないというわけ。

これらの児童はいずれ、精巧な大麻吸引機の制作にその独創性を発揮し、種々の幻覚キノコに関する知識を伝え広めることだろう。

「すべての児童が優秀」という認識は、白人たちから受け入れられるうえで重要だ。まず、静かに遊ぶ子を見たら、「素晴らしい集中力ですね。優秀児クラスに入っているんですか？」と聞いてみよう。親は即座にイエスと答えるはずだ。一方、親に向かって何か叫びながら犬に火を点けている子がいたら、「なんと独創的なんでしょう。デキる子なんですね」と言ってみよう。親は「その通り。独創性と知能がありすぎて、学校には向かないんです。どうしたものやら」などと言うはずだ。いずれにせよ、こうした反応は相手の気分を良くし、君はますます白人から好かれるようになるハズ。

★警告★白人に対して彼らの子が「天才以下」などとは決してほのめかさないように。我が子から素晴らしさ以外の何かが飛び出してくるという考え自体が、白人にはとても耐えられないからね。

13 両親をうらむこと

Hating Their Parents

他とも関連するテーマだけれど、白人が両親を忌み嫌うという事実には疑いの余地がない。防ぐ手だては何もないのだ。

まず、門限をもうけ、宿題をやらせ、マリファナを禁止する厳しい親の場合。白人キッズはわめきちらし、いかに親を憎んでいるか詩にしたため、自分に通じるモノがあるバンドに入れあげる。バンドの出身地は中流から上流の白人が多いカリフォルニア州オレンジ郡（OC）やフロリダ州だ。最終的には親を「許し」、「試練」を与えてくれたことに対して感謝するようになるのだけれど、ドラマ「OC」や「アンジェラ　十五歳の日々（My So-Called Life）」のようにステキではない高校生活をさせられたことへの怒りは消えない。

一方、パーティに行かせ、自宅でも飲酒を許し、子供と一緒

にマリファナを吸うような超放任型の親の場合も、憎まれるタイミングを先延ばしにしているだけだ。こうして育てられた子はいずれ大学からドロップアウトしたり、画家になろうとしたり、タイの刑務所に入れられたりといった愚行を犯すようになる。窮地に陥ってから、「育児への関心が足りなかった」「甘過ぎた」親をうらむわけだ。

このような状況にも利用法がある。白人は親をうらむ自分について語るのが大好きなので、信頼を勝ち得たい状況でこの話題を振ると成功率は高い。しかし、いかなる状況においても、彼らと不幸ぶりを競ってはいけない。自分が孤児だろうが、子供時代に虐待されていようが、目の前で親を撃ち殺されようが、持ち出すのは御法度だ。負けたと思った相手は二度と親について語らなくなり、友達にもなってくれなくなっちゃうからね。

14 意識向上
Awareness

面白いことに白人は、世界のあらゆる問題は「意識向上」によって解決されると固く信じている。つまり、問題を人々に知らしめることにより、政府のような誰か他の人が、魔法のように解決してくれるというわけだ。

意識向上に伴う困難といえば、まだ問題に気づいていない人の気を引くことくらい。したがって、実際の作業や困難に直面しないままで、甘い自己満足を楽しめるのだ。

さらに魅力的なのは、高級ディナーイベント、パーティ、マラソン、Tシャツ、ファッションショー、コンサート、リストバンドなどを使って意識向上が果たせること。もともと好きなことをしながら、世界を改善している満足感に浸れるわけ。

自分が定めた適当なレベルまで世間の意識が高まったら、ふんぞり返っていられる、というのもステキなところ。「ジャーン！　僕のやるべきことは終わった。さあ次は君の番。解決して」というわけだ。

まとめてみよう。自己満足や自慢話という人助けの効用を得られるうえ、難しい決断や批判といった不利益と取り組む必要は皆無だ（「意識の高さ」なんて批判しようがないでしょう?）。このダブル勝利をまんまと手に入れるのが白人なんだ。

意識向上の対象として人気があるものは次の通り——環境、がんやエイズのような病気、アフリカ、貧困、拒食症、ゲイ差別、中学校のホッケーやラクロスのチーム、ドラッグ中毒者のリハビリ、政治犯。

15 外国文化の通になること

Being an Expert on Your Culture

白人は自分の文化に葛藤した思いを抱いているんだ。芸術、文学、映画については誇りを持つ一方で、白人至上主義団体のクー・クラックス・クラン、植民や奴隷制度、黒人の一般施設使用を禁止したジム・クロウ法、アメリカインディアンへの仕打ちなどを恥じている。

この恥を埋め合わせる方法の一つが、外国文化にちょっと通じてみること。白人以外が使う言語で幾つかのフレーズを学ぶのもいい。覚えた暁には、さっそくホンモノの外国料理をレストランで注文するのだ。

外国の映画、政治、音楽、芸術に凝る場合もある。こういう手合いは、本人か少なくとも親がその国の出身という人物に会うと、いかに自分がそこの文化に精通しているかを披露せずにいられない。「アンディ・ラウの新しいCDを聞きましたか？もう最高！」

外国人にとって重要なのは、そこの文化に通じているというこの白人が、いかに特別で個性的であるかを認知してあげることだね。「中華料理の鶏足を食べる白人なんて初めてだよ」とか「どうしてその映画のことを知ってるの？　吹き替えも字幕制作もまだのはずなのに」などと言ってやるといい。白人に必要な自己満足感を提供できること、うけあいだ。こうした褒め言葉は人種差別主義者でないことも表現できるので、白人の喜びも倍増するというもの。

16 名字を二つ持つこと

Having Two Last Names

ここのところ、白人の間では子供に二つの名字を与えるのが大人気だ。これは、「子供に夫の姓を付けるのは性差別であって時代遅れ」という白人女性の考えが反映されたもの。十カ月間妊娠していたのは女なのに、男の名字だけを付けるなんて不公平というわけだ。唯一の解決法は、二つの名字をつなげること。さあ、どんどんつなげちゃえ！

その結果として、「イライジャ・サドラー＝ムーア」とか「ジョン・スミス＝ブラウン」とかいった名前の子供が増えている。

子供に複数の名字を付けるスペイン語圏にも長い長い名前の人は多いけれど、日常生活では「ペレ」のようにお手軽なニックネームで通すのが普通だ。それに、代々受け継がれてきた伝統という点も、近年の白人界の流行とは異なる。

アメリカでのこの現象は始まったばかりのことであり、将

来、それぞれ二つの名字を持つ二人が結婚した場合にどうなるのかはまだ分からない。生まれた子は四つの名字を持つことになるのだろうか？

大学のラクロスやサッカーのチームではユニフォームに名前を入れているから、今後数年の間に、かなりキテレツなものが見られるようになるかもしれないね。

17 マンハッタン(ブルックリンも仲間入り)

Manhattan (and Now Brooklyn, Too!)

白人に旅したい場所を尋ねると、返ってくる答えは千差万別だ。でもニューヨークだけは別格。ニューヨークに①住んでいる、②住んだことがある、③住むつもり、④住んでみたい、のどれにも当てはまらない白人などいない。

白人がニューヨークを愛するのはアーティスト、レストラン、地下鉄、歴史、多様性、芝居、そして白人という、白人の生存に必要なものすべてを備えているからだ。唯一大自然が欠けているけれど、セントラルパークで代用可能。どうせどこへ

でも歩かなきゃいけない街だから、アウトドア活動も果たせるってわけ！
ちなみに最近では、マンハッタンに加えてブルックリンもステキな場所に昇格している。
キミがニューヨークの出身なら教えない手はない。白人は即座に目を輝かせ、たくさんの質問をしてくるはず。そして必ず「どこそこに大好きなイタリアンレストランがあって…」と知識を披露してくるので、「わあ、ニューヨーカーしか知らない秘密スポットだと思っていました」などと喜ばせてやろう。
もう一つアドバイス。ニューヨーク市のことが話題に上ったら、その座で一番エラい白人を見つけて「ニューヨークのご出身でしょう？」と尋ねるといい。白人にとってこれは、「文化的でセンスが良く都会的」と褒められたに等しいからだ。相手は「いやいや、何度も訪ねてはいるけどね」「三カ月ほど住んでいたんだ」などと浮かれ、たちまちキミに好意を持つはずだよ。

18 テレビを持たないこと

Not Having a TV

白人がテレビを持たない理由ナンバーワンは、ズバリ、人にそう言えるから。

『アメリカン・アイドル』『LOST』『グレイズ・アナトミー』などの人気番組を見られたらいいなあと思ってしまう寂しい夜、アンチ・テレビ派は明日の会話を思って自分を励ます。見たばかりの番組について人々がおしゃべりするところへ誇らしげに、「見てないんだ。テレビがないからね。アレは脳を腐らせるものだよ」と言えるんだから。これは周囲にバツの悪い思いをさせ、自分をイイ気分にさせる大威力を発揮するセリフだ。

アンチ・テレビ派は、テレビを見ない同胞とテレビを見ないことについて語り合う、葉っぱを眺める、料理する、左翼的な政治関連書を読む、コンサート／プロテスト／詩の朗読会に行く、といった方法で時間をつぶす。

こういった活動はたいていい、非常に退屈で会話のしにくい人間を作る。しかし、テレビを持たないのは間違いであるとかテレビを持つことには価値があるとか言ってはいけない。彼らが自分の素晴らしさについて語れるように会話を持っていくこと、それだけに専念するのがいいんだ。

19 エイティーズ・パーティ

80's Night

白人との関係をもう一歩深めたいと思っているなら、エイティーズ・ナイトパーティに行ってみよう。将来のパートナーが見つかるかもしれない。

白人は八〇年代の音楽が大好きだ。懐かしさもあるけれど、ヒップホップやR&Bの影響を受けていない最後の白人ポップ・ミュージックだから。当時ジョイ・ディヴィジョン、ニュー・オーダー、エルビス・コステロといったアーティストは尊敬の的で、ヒットチャートの常連だった。ワム!やリック・アストリー、キャメオなんかはそれほど尊敬されていないけれど、白人には踊りやすい。

出会いを求めているなら、「いいエイティーズ・ナイトをやってるクラブ知らない?」と尋ねてみよう。アドバイスとともに、「デビー・ギブソンの歌で一緒に踊ろう」という誘いがなだれこむこと間違いなしだよ。

20 菜食主義

Veganism/ Vegetarianism

白人が好きなアクティビティの例に漏れず、お手軽に甘い気分が味わえるのが菜食主義だ。周りより優れた自分に酔ってウットリできる。その証拠には、肉なし、乳製品なし、卵なし、魚もなし、しまいには生モノだけと、ベジタリアン界はどんどん加速しているでしょ。

アンチ・テレビ派と同様に、菜食主義の白人とつきあうのは骨が折れる。「アレもコレも食べられない」「肉やチーズを体に取り込むくらいならゴミ箱に捨てた方がマシ」というようなことばかり言うので、家でディナーも外食も、テレビで政治ディィベートを見るのさえ試練の連続になってしまうのだ。
オーガニックの穀物を飼料に、放し飼いされた家畜を食べるのはいいんじゃないかって？　でも家畜がと殺され、熱帯雨林を減少させていることに変わりはない。「良識派」の白人も、菜食主義者には頭が上がらないのだ。

　相手が肉食でも菜食でも、白人を利用するいい手がある。まず、菜食主義者に何か頼みごとをしたい場合は、一家を挙げて夕食に誘うといい。そして断られるのを承知で、お母さんやおばあさんに肉入りの料理を出してもらう。食事が終わったら、「出された食事を断るのは、わたしたちの祖国では墓石につばを吐きかけるのと同じくらい無礼なこと。母／祖母は侮辱されたと思っている」と伝えよう。呵責の念にさいなまれ、菜食主義者は、何でも言うことを聞くようになる。空港への送り迎え、引っ越しの手伝い、ちょっとした借金、一晩泊まる場所が必要な友人の宿代わりなどに大変便利だ。

　一方、肉食の人に言うことを聞かせるのはさらに簡単。もともと罪悪感の塊なんだから、そこをつつくだけでイチコロだよ。

21 建築物
Architecture

世界の都市で好きなものを尋ねると、白人からは「レストラン」「文化」そして「建築物」といった答が返ってくる。白人は古い建物やら、その隣に建つ超モダンビルやらが大好きなのだ。

白人の仲間に入りたかったら、I・M・ペイ、フランク・ロイド・ライト、フランク・ゲーリーなどたくさんの建築家について勉強しなくてはならない。やたらめったら「バウハウス」という言葉を使うのも忘れちゃいけないよ。

基本をマスターしたら、誰も知らなさそうな街を一つ選んで、①歌劇場、②美術館、③市庁舎、④市民会館のいずれかの名前をでっちあげよう。そしてこんな風に会話に入れ込むのだ。「フランク・ゲーリーもいいんだけど、僕は、F・ウィンターハウゼンの方がずっと好きだね。彼はポッドゴリカ市の歌劇場を設計してるんだ」。そして一瞬、間を置いて、「モンテネグロの。行ったことない？」とトドメを刺す。相手の白人は驚きと尊敬で黙りこくるだろう。

白人がここまで建築物を愛するのは、密かに自分は偉大な建築家になれたはずと思っているからだ。教授、ライター、政治家といった職業についていても彼らは同じ感情を抱いている。

もう一つ、白人は建築物に関する大型本が大好きだ。理由は大して文字を読まなくても賢い気になれるから。贈り物にはお勧めだよ。

22 家の改修
Renovations

白人は皆生まれながらにして、「普通の白人」から「スーパー白人」に昇格する使命を担っている。イスラム教徒のメッカ巡礼同様、そのための通過儀礼として定められているのが、古い家のリフォームだ。

このイベントに達するのはたいてい三五歳を過ぎてからで、

白人にとってリフォームは歩行と同様に本能的なこと。ただし、一九六〇年代以降に建てられた歴史的価値のない家にはほとんど興味を示さない（南カリフォルニアを除く）。白人は皆、街中に「味のある」古家を買い、室内には最新家電を入れて超モダンに仕立て上げるのが夢なのだ。

この夢のタネは白人の誕生と同時にまかれているが、子供時代、我が家のリフォームを目の当たりにする時にグンと発芽する。おヒゲをはやしたおじさんが大勢やってきて不思議に思っていると、数週間で作業を終えて帰っていく。残されるのはピカピカのキッチンとニコニコのマミー、ダディーというわけ。

白人という白人はこの体験をしている。だから、「お泊まりにきた友達がトイレに行ったら作業員が入ってた」というような笑い話をすれば、共感を呼んで絆が深まること間違いなしだ。必要に応じて適当に話をふくらませるといい。

23 アップル製品

Apple Products

アップル製品に触れずにここまできてしまったとは驚きだ。ここからあと十話続けて捧げてもいいくらい、アップル製品は白人の生活に溶け込んでいるんだからね。

白人にとってアップルは、「好き」という言葉ではもの足りない。アップルとは愛であり、なしでは生きていけない存在だ。

理想肌の白人が、どうして中国で大量生産を行う数十億ドル規模の大企業に肩入れするのか分からないという人もいるだろう。家電機器の製造は環境破壊の一端を担っているじゃないか、って。答えは簡単。アップル製品は、持っているだけで「クリエイティブな個性派」をアピールできるからだ。たとえ、世界中の白人学生、デザイナー、ライター、英語教師、ステキな若者全員が持っているとしても。

マックの最初のファンは、レイアウト・アーティストやグラフィック・デザイナーだ。それが、ファイナルカットプロが出て映画編集者の定番にもなり、その結果、クリエイティブ業界人全体の主流となった。そのうちあっちこっちのコネクションを通して、気がついたら白人はみんなマックユーザーになってたというわけ。

白人にマックのことを尋ねると、「ウィンドウズよりずっといい」という答えが返ってくる。「技術的にずっと先を行っている」とか何とか。ウィンドウズユーザーに会うと白人は、五〇〇ドル多く払ってでも見目麗しいマックを買う意義について得々と語らずにはいられない。

ここで思い出してほしい。白人はマックを使うことで自分のクリエイティブさを再確認できるのだ。メールチェックもネットサーフィンも、機内でDVDを見るのだって、マックでやれば、ああなんてクリエイティブ。

白人はまた、iPhone、アップルTV、AirPort など、アップルが出す製品を買いそろえずにはいられない。誰でも買える上場企業の製品を手に入れて、自分の個性を表現した気になっているのだ。

アップル製品にはシールが付いてくる。コンピュータや窓に貼る人もいるけれど、白人道を極めるにはマイカーのリアウィンドウに貼らねばならない。車種はプリウス、ジェッタ、BMW、スバル4WD、アウディのいずれかだ。そして地元のコーヒーショップに乗り付け（スターバックスでも可）、一杯すすりながらアップル製品を見せびらかす。アップルのロゴは光るところもナイス！　持ち主がどんなにクリエイティブで個性的か、暗い場所でもアピールできるからね。たとえ同じアピールをしてる人が、周りに五人くらいいたとしても。

アップル製品に関する知識は様々な社交の場で役に立つ。マックを持っている白人を見たら、「それってパワーブック？どのOS積んでるの？」と聞いてみよう。喜んでしゃべり出すから。五分間お決まりの話を聞いてやれば、そのあと、キミが作ったドキュメンタリー映画の試写会に連れ出すのは簡単だよ。

24 スシ（寿司）
Sushi

菜食主義者だろうが、引け目を感じてる肉食主義者だろうが、白人はみんなスシが大好きだ。だって、スシは白人のハートをつかむあらゆる要素を満たしているんだから。外国文化で、お高くて、健康的で、「教育程度の低い輩」には嫌われている、ってわけだ。

でも、スシ好きにもいくつかのレベルがある。最も初級と見なされているのが、スパイシーツナロールとかカリフォルニアロールとかの巻物を食べるグループ。「ロック・アンド・ロール（巻物のロールにかけている）」「マジック・スシ・カンパニー」なんてアメリカ的な名前のレストランや、スーパーで売られているスシで満足な人々だ。正統派とは言いがたいけれど、白人はこういうスシがだーい好き！

中級レベルは、スシ・スノッブの入門生。巻物も大好きだけど、サケやマグロのサシミ、ちょっと勇気を出してウナギも食

べちゃおうというグループだ。

そして最後に、本物のスシ・スノッブ。これはもう、とことん行っちゃうグループで、カウンター席に座って日本語で注文しようとする。頼むのはオマカセのみ。巻物ファンや握りを「正しく」口へ放り込まない人々に対して非常に厳しい態度を取る。

また、体験のホンモノ度を高めるべく、スシの注文にあたって白人は必ず日本酒を飲みたがる。

さて、以上の情報がどう役に立つかわかるかな？

白人がウマイ寿司屋の発見に情熱を傾けているということは、「街一番の寿司屋に連れて行く」と言えば速攻で一目置かれるということだ。キミがアジア人男性ならば、これは白人の女の子をデートに誘う手堅い方法。うまくすれば、ブルース・リーやポール・カリヤの親父のように結婚までこぎ着けられるかもしれないよ。

付け加えると、白人文化においてスシディナーは特別なデートということになっている。エイティーズ・パーティの翌朝の

ブランチほどじゃないけど、特別なことに間違いはない。

でも関心を寄せる相手が菜食主義だったら、心配だよね。でもだいじょうぶ。どういうわけだか、ベジタリアンを名乗る白人のほとんどはスシなら口にする。魚は豚や鶏、牛ほどかわいくないからいいということだね。

25 芝居
Plays

白人が映画好きなのは確かだけれど、生の舞台にもバランス良く興味を注がなくっちゃ。舞台とは主に芝居のこと。
①ちゃちなセット、②特撮ナシ、③幕間入り、④なのに高い入場料——という条件にもかかわらず、白人は「文化都市に芝居は欠かせない」と信じている。彼らが実際に芝居鑑賞を楽しんでいるのか、それとも白人友達からのプレッシャーに押しつぶされただけなのかは不明だ。
以上から得られる唯一のアドバイスは、白人から芝居鑑賞に誘われても絶対乗るなということ。最低でもチケットに四五ド

ル払ったあげく、エンディングを待ちわびながら丸三時間、彼らの友達やイトコが出演しているのを見るハメになるよ。

26 アジアンフュージョン料理

Asian Fusion Food

トリュフオイルをかければ何でもおいしくなると思っているのと同様に、白人は「アジアン」と付ければ何でもレベルアップすると信じている。「アジアンテイスト」にアレンジされがちなのは家具、映画、アニメ、インテリアデザイン、ファッション、子供、そして何より料理だ。

アジア料理となると、白人がことさら正統派の味と体験を求めるのは本当だ。しかし本物のアジア系が経営するレストランには、菜食主義を理解するスタッフなんていないのが普通。「コレ、肉と同じ鍋を使ってない？　肉に使ったのと同じ鍋で調理するだけでもダメなのっ」という白人客に対応できないのが難点だ。そんなわけで、画期的な妥協策と言えるのがアジアンフュージョン・レストラン。箸を使ってアジア人ぽく食事し

ながら、「このメニューにグルテン（小麦などに含まれるタンパク質の一種。免疫反応を示す人がいる）は使われてるの？」なんて神経質な質問をしても明快な答が返ってくる。モダンな黒い家具とアジア調のアートでキメたインテリアも白人のハートをくすぐる。ルックスのいい給仕係、ステキな装飾、トレンディな音楽…。アジアンフュージョン・レストランは、「真実」なんて漢字のタトゥーを入れてアジア人の彼女を伴った白人男のようなものだ。

アジアンフュージョン・レストランはまた、ソージュー（焼酎）のようなエキゾチックなアルコールを各種取り揃えているのも魅力。相手が自分がワイン以外にも詳しいところを見せびらかしたくてたまらない白人だったら、「何がお勧め？」と聞いてみよう。舞い上がっちゃうから。

アジアンフュージョン・レストランで出される料理は高くて量が少ないので、フォーマルディナーに使うのがベスト。よって白人からこういうレストランに誘われたら、自分に気があるんだと思って正解だよ。

27 ヴィンテージ

Vintage

白人と古いモノの恋愛関係は、今や数百年に及ぶ。特にアンティーク家具は昔から人気だけれど、モダンなライフスタイルやキッチンに合わせるのはなかなか難しい。

ティーン時代も後半になると白人は、地元でステキなヴィンテージ服を探し求めるようになる。古着屋や中古品店は、彼らの需要を満たすモノでいっぱいだ。

こういうところで買い物する利点はまず、「このシャツは中古品店で三ドルだった」なんて言えること。三五〇ドルのジーンズや二〇〇ドルの靴をはいていたとしても、古着に注意をそらせるわけだ。そして輝かしい「インディー」の称号をキープできる。

次に、周りが持っていないものを所有できること。これは白人同士がランク付けし合う時に重要な要素だ。

とはいえ、中年になって「ピッツバーグ・スペシャルオリンピック'76」なんてTシャツを着続けるのも難しい。そこでターゲットは、ヴィンテージ服から家具や装飾品へと移行する。三〇歳を超えた白人が凝り続けていられるのは、たいがい家具だけだ。「ヴィンテージストーブ」とか「ヴィンテージカードカタログ」なんて聞くと、どうやってインテリアに取り込もうかと頭がいっぱい。イケア製品あふれる部屋に一点ヴィンテージ品を置けば、周囲より個性的でステキな自分をアピールできるわけだ。

白人の家を訪ねたら、速攻でイケアのほか、クレート&バレルやアンソロポロジー製ではないしゃれた食器や装飾品を探そう。発見できたら、「コレすごくイイ。どこで買ったの?」と尋ねてやること。相手は入手にまつわるエピソードを紹介しながら、自分はなんて趣味のいいステキな人間なんだろうとほくそえむこと間違いなし。

28 アイロニー
Irony

共和党、テレビ、ヴィン・ディーゼル映画など、ステキな白人が嫌うものは数多いのだけれど、この嫌悪感を甘い「アイロニー」、つまり皮肉や風刺に変えて楽しむことだってある。

白人はしばしば、アイロニーを定義することの難しさ自体を冗談にする。九〇年代、アラニス・モリセットが「なんてアイロニー」と歌った時、言葉の使い方が間違ってると大騒ぎした人たちなんだから。ともあれ、白人がアイロニーを好むのは、笑えるし自分が賢く思えるからだ。

近年のアイロニー例としては、アシュトン・カッチャーやジャスティン・ティンバーレイクが流行らせたとかいうトラッカー・キャップが挙げられる。これは八〇年代にメジャーなファッションとして登場したのが、二〇〇〇年代に入りすたれて笑い者になり、しかし結局すぐメジャーに返り咲いたアイテムだ。今やレアでも個性的でもなく、アイロニーとして復活でき

るまでには十年かかるだろう。

もう一つの例として、「ホワイト・トラッシュ（クズ白人）」パーティが挙げられる。これはケンタッキー・フライドチキンを食べ、バドワイザー・ライトを飲み、ブルーカラーが好む映画や音楽を流して盛り上がるというもの。「正しい白人」が嫌うべきモノを体験することで、自分の暮らしがどんなに優れて洗練されているかを再認識できるというわけだ。

ステキな白人はまた、下層白人を風刺するアイテムとして、「我らの軍隊を応援しよう」というマグネットや麦芽酒「ミッキー」のビンを家に飾ることもある。

以上の情報をうまく利用しよう。白人に対してワカってるところを見せるには、一〇年以上前にはやったものをデスクや自宅の目立つところに飾るといい。「エブリバディ・ダンス・ナウ！」で一世を風靡したC+Cミュージックファクトリーのカセットテープとか、MCハマーの「2 Legit 2 Quit」Tシャツは模範的な例だ。

自分の好きなものについて話したとたん、白人との間に気まずい沈黙が流れた場合にも、アイロニーは使える。これは好きと言っちゃいけないんだな、と気づいたら、「そうそう、○○［先ほど挙げたモノは冗談だったとアピールできるような類似の物］も好き」と言ってニッコリすればいい。相手は笑い出し、スムーズに会話が再開されるよ。

29 犬
Dogs

愛玩の対象、労働力、そして食物として、犬は世界中で愛されている。しかし白人の愛好ぶりときたらレベルが違うのだ。

白人文化において犬の飼育は、子育ての練習と見なされているのだ。カップルはみんな、子作りの前に犬を飼わなきゃならないる。まずは人間以外の生き物に食物を与えトイレトレーニングをすることによって、責任感を養うというわけ。そんなわけで特に飼い主が否定しない限り、白人間では話し相手の犬をその人の子供と見なすのが普通だ。

ヒトの子が生まれた後も犬は捨てられず、家族の重要な一員

として地位を維持する。白人の子はいずれ親を忌み嫌うようになるけれど、犬はエサさえ与えればずっと慕ってくれるんだから。

一般的に白人は、犬が人間と同じ感情を持つと信じている。テレビ番組、映画、音楽だってお気に入りがあるのだ。もちろん、犬は内容なんて分からないから、見せられればヒトラー番組だって喜んで見る。が、飼い主は「バスターは『シックス・フィート・アンダー』が大好きで」なんて言い、数々の賞を取る名番組を犬が理解していると思うわけだ。食べ物に関しても同様で、人間と同じ味覚があると信じて疑わない。犬というのは床に落ちているものなら何でも、なんなら自分のフンだって喜んで食べることを忘れて「ベン・クウェラーちゃんたらオーガニック食品が一番好きなのよ」などとのたまう。

マイホーム探しにあたっても、「犬が走り回れるよう」大きな庭付きの物件を求める白人は多い。不動産業者も大きなもうけが期待できるってわけ。

さらに、犬を使って異性の気を引く技も盛んに使われている。愛犬を連れて近所のドッグパークに出かければ、自然と出会いや会話が生まれるというもの。マックのラップトップを持参するより効果は大きい。

白人が飼い犬の話を始めたら、その犬が何にも替えられぬ特別な存在という態度を取ることが大事だ。「自分の子同様」以外にペットの飼い方などありえないという理解を猛烈に示すこと。何があろうと彼らの犬を軽蔑したり、甘やかしていると批判したり、犬がヒトと同じ権利を持たない劣った存在だとほのめかしたりしてはならない。どれか一つでもやったら、白人との仲はもうオシマイだからね。

30 謝罪

Apologies

先祖が相当ワルいことをしてきたのを知っている白人は、ほぼ何に対しても謝るよう、生まれつき頭にインプットされている。

謝罪が身に染み付いたあまり、衝突を生みそうな発言をする場合は先に謝ってしまうくらいだ。「悪いけど、『終わりで始まりの四日間』の方が『ハードエイト』よりいい映画だよ」というように。不必要に謝ってしまうのも特徴だ。

「すみません。私のデスクの前に何か紙切れを落としましたよ」

「ああ、これはごめんなさい!」

白人に謝らせるのはこんなに簡単。何か指摘すれば一発だ。ナイトクラブやバーで誰かを怒らせた場合も、白人はやっつけられる前に電光石火の早業で謝ってしまう。これは大変成功率の高いテクニックだ。「こんな簡単そうなやつを倒しても面白くない」と、即座に相手が悟るからね。

31 ドキュメンタリー
Documentaries

作り手としても視聴者としても、ドキュメンタリー界の圧倒的多数派は白人。白人はドキュメンタリーが好きでたまらないのだ。

「ドキュメンタリー映画制作者」という言葉は、白人社会では「無職」を意味する暗号だ。締め切りや予算関係のプレッシャーなんてないに等しいから、映画一本作るのに八年かける人もいる。「職業は映画制作」と言う白人に出会ったら、決していつ映画ができるのなんて聞いてはいけない。プレッシャーをかけるのは悪趣味ってことになっているからね。

一方、視聴者としての白人がドキュメンタリーを好むのは、ほんの一～二時間でヤヤコシイ問題のあらましを説明してもらえるからだ。

政治ドキュメンタリーを見れば、他人を指導できるくらい分かった気になる。『シッコ』公開の二〇〇七年には健康保険政策、『華氏 911』の二〇〇四年にはアメリカの外交政策、『ボウリング・フォー・コロンバイン』の二〇〇二年には銃規制に関する自称専門家が急増したことに気づいた人もいるんじゃないかな。

マイケル・ムーアが手がけたこの三本のドキュメンタリーには、観客が既に信じていることをさらに確信させる効果があった。一般的に白人は、自分の正しさを証明するドキュメンタリーに出会うと興奮する。従って、「人々の考えを変える」という点では、ムーアの能力は微々たるものと言わざるを得ない。

でもたまには白人だって、自分が知らなかったことを扱った作品を見る――外国のドキュメンタリーだ。外国のドキュメンタリーより白人に強い影響力を持つのは、セレブくらいのもの。

ドキュメンタリー映画鑑賞に招待された時は要注意だよ。映画に加えて上映後の質疑応答に時間がかかるうえ、もしかしたら貧乏な映画制作者が家賃を浮かそうと家に押し掛けてきちゃう可能性だってあるからね。

32 日本

Japan

白人の好きなモノはほんとたくさんあるんだけれど、日本という島国以上に拍手喝采される存在はないだろうね。捕鯨やイルカ殺し、南京大虐殺などを理由に日本に否定的な感情を持つ手合いもいるにはいる。でもこういう問題が日本という国全体の評価を落としていると言う人は少ない。

白人が日本を愛する理由はいくつもある。ナンバーワンはスシ。これまで足しげくスシ・レストランに通い、食べ方と、何よりどうスシ通を気取るかを学んできたのだ。いずれはツキジを訪れ、最高に新鮮なスシを味わいたいと願うのも道理。

しかし話は食べ物では終わらない。白人という白人は、①日本で英語を教えたことがある、②教える予定がある、③教えれば良かったと思う、のいずれかに該当する。日本に行くだけじゃなく、実際に住みたいのだ。旅行欲が満たされるだけでなく、帰国後もスシ・レストランで自慢できるんだから。「この店もなかなかだけど、日本ですっかり舌が肥えちゃってね。アメリカでホンモノのスシを見つけるのは難しいなあ」

日本の伝統、未来的な都市、映画、「カワイイ」グッズ、音楽、作家も魅力だ。ただアニメはオタクが傾倒していることが多いので、あんまり好きだというと白い目で見られることがある。アニメについて語る時は万人から評価されているハヤオ・

ミヤザキくらいにとどめておくのがいい。万が一宮崎駿について知らない相手の場合も、インターネットで調べられた時に暴力やセックスがからんだ画像が出てこないから安心。

白人との会話中に気まずい沈黙が流れたら、日本に行きたいと言えばいい。日本旅行の体験談、彼の地で見つけたお気に入りのモノなど、相手は即座に自慢し始めるから。それ以上自分はしゃべる必要がなくなるし、相手も「話をさせてくれた」という理由で好印象を持つだろう。

アニメと同じく、日本にハマりすぎるのには要注意。日本語がしゃべれるなんて言ったら、周りの白人は負けたと思ってしらけちゃうからね。

33 トヨタ・プリウス
Toyota Prius

白人の「公式車」は時代とともに変遷してきた。八〇年代にはサーブとボルボ。九〇年代になるとフォルクスワーゲンのジェッタかスバルの４ＷＤステーションワゴンといった具合だ。

でも近年認められる車はただ一つ。白人の好きなモノを体現するトヨタ・プリウスだ。

プリウスは、歴史上最高の白人向け製品と言えるかもしれない。値が張り、環境を保護していると思わせ、にもかかわらず貯金が減る以外は何もライフスタイルの変化を必要としない。

トヨタ・プリウスは一ガロンにつき四五マイルも走る。つまり一九キロ走って燃やすガソリンはたった一リットル。マーケティングの魔術か錯覚か、プリウスには「運転は環境にいい」と思わせる力がある。白人にとってこれは都合がいい。職場やオバマの支援集会に車で乗り付けながら、環境保護してる気になれるんだから！

中には究極の自己PRに出る者もいる。プリウスの後ろガラスにアップルのシール、バンパーには民主党候補者のシールを貼り、車内では iPod で音楽をガンガンかけて飛ばすのだ。もう向かうところ敵なし！

以上の事実を利用する手がいくつかある。駐車場が限られたイベントやパーティに向かうため、誰かの車に乗せてもらいたいような場合はこう言うのだ。「地球に優しい君のプリウスに同乗してもいいかな？　僕の車は燃費が悪いから、環境を考えると無駄に乗りたくないんだ」。これでタダ乗りは確実！

また、常日頃からプリウスを運転する白人を見たらこうささやこう。「環境のことを考えているんだネ」。自己満足にうかれた相手は、自宅まで送ってくれるかもしれない。イケアで家具を買いたい時もエイティーズ・パーティに行きたい時も、これで足はバッチリだよ。

34 自転車

Bicycles

土曜日に白人を見つけやすい場所といえば自転車屋。店員も客も、ほぼ全員が白人だ！

でも自転車の好みとなると人それぞれ。まず、ギア改造が大好きな都会派の若者。学生街、アーティストが好んで住むロサンゼルスのシルバーレイク地区、ＮＹブルックリンのウィリアムズバーグなどに多く生息している。カナダならトロントのクイーン・ウエスト、ビクトリア、ブリティッシュ・コロンビアだ。改造ギア自転車は、白人から認知されるポイントを押さえている。まず、中古車（つまりヴィンテージ）を土台に、他の誰も持っていない個性的な自転車が作れること。さらに、空気抵抗を減らす工夫がこらされたエアロスポーク・リム、カリフォルニアの名門「フィル・ウッド」のハブ、日系メーカー日東のアクセサリーなど、高価なパーツを使って簡単にカスタム化できることだ。レアな自転車と高級パーツは、他の自転車好きに威張れる要素。どっちがカッコイイかを見極める場面では重要だ。

次にマウンテンバイクを好むグループ。これは単なる自然好きで、それ以上の裏事情はない。

そして最後に、高級ロードバイクを愛し、競輪ユニフォームを着用するグループ。ロードバイクは長距離走行が可能だし、堂々とピチピチの服を着られる。愛好者は五〇〇〇ドル以上する自転車を買い、アクセサリーにも四〇〇ドル近くつぎこむけれど、自転車通勤はしない。これはやはり職場にはピチピチ服

を着ていけないからだと思われる。ポイントは、この手合いにどうして五〇〇〇ドルもする自転車が必要なのかなんて聞かないこと。答は「性能」に決まっているからね。

以上の情報はたいてい男女の別なく当てはまるけれど、より女性を引きつけるカテゴリーが一つだけある。ヨーロッパ製の街乗り自転車だ（写真参照）。白人女性はいろんな「理想の人生」を思い描いてあこがれていて、その一つがヨーロッパに住み、こういう自転車に乗って歴史的な街並を走り抜けることなんだ。朝起きたら小さなカフェやベーカリー、チーズショップなんかに乗り付け、買い出した品々を手に帰宅、ステキな食事を用意して友達と一緒に楽しみたい。セッティングとしては白いイルミネーションで飾ったガーデンテントが必須だ。このような事情を理解していれば、白人女性の信頼と賞賛はキミのもの。「ヨーロッパ系の母が祖国にいた娘時代の暮らしぶり」なんていってこのシナリオをなぞれば完璧だ。

そうそう、自転車好きの白人が自分の環境保護ぶりについて語りたがるのは言うまでもない。自転車通勤族に出会ったら、そっと近づいてこう言おう。「ありがとう。いやホントに。地球が第一」。そして親指を立ててグーとやるのだ。相手は、天にも昇る心地で自転車を走らせて帰るからね。

35 貧困層のためになることの理解

Knowing What's Best for Poor People

ステキな白人は貧しい人々のことを気にかけている。一日の大部分を心配に充てているくらいだ。貧困層がホールフーズではなくウォルマートで買い物をし、民主党よりも共和党に投票し、アートカレッジの代わりに公立の安いコミュニティカレッジや就職といった道に進むことを思うと、罪悪感と悲しみで胸がいっぱいになる。

あんまりうまく隠せていないが、白人的には密かに、「お金と教育さえ与えられたら、誰もが自分と同じ暮らしをできるだろうに」と思っているのだ。貧困層がああなのは、正しい選択と心配をする手段を与えられていないからというわけ。

こういう人々の気分を良くするには、「より白人らしい選択肢を与えられたがために暮らしぶりを改善できた貧困層」の例を挙げることだ。「故郷では昔、誰もがウォルマートで買い物していたんだ。でもそこへＮＰＯがやってきて産地直送品を扱う生協を設立した。みんな地元の生鮮品を買うようになって、二週間でウォルマートは店をたたみ、過去四〇年で初の民主党員が選ばれた」という具合。白人はまず「どのＮＰＯ?」、それから「ソコ求人してるかな?」と聞くはずだ。有頂天のままいろんなパーティに誘ってくれるから、行く先々でもこの作り話をすればヨシ。

★警告★「貧しい人も導きさえすれば正しい決断をするようになる」ことを表明するのが大切だ。彼らが好きこのんで「間違った」選択をしているなどと言おうものなら白人は絶望し、将来への希望を失ってしまう。

36 離婚

Divorce

五人以上の白人と同席した場合、統計から言ってうち二人は親の離婚、さらに一人は自分の離婚を経験しているはずだ。白人の離婚率は異常に高く、珍しいことでも何でもない。

そんな白人から信頼と好意を得たいなら、最も効率的なのは酒を飲みながら離婚がらみの話をすること。事実に反して親が離婚したとウソをついても、バレてとがめられる心配はご無用だ。相手は自分の親についてグチるチャンスを狙っているんだから。従って、礼儀として間の手くらいは入れるかもしれないけれど、キミの話にまともな質問などしてこない。適当に作り話をしていれば、自分の話に引き戻すキーワードをめざとく見つけて食らいついてくれる。特に好きなのは「不満」「仕事」「不倫」「成績低下」「束縛」といった言葉で、出てくるなり会話をさらってくれること間違いなし。

この長い語り合いの夜によって、普通なら八〜十カ月かけて

勝ち得る友情を手中にできる。

現在離婚の手続きを進めている白人に会っても、これまたあまり心配する必要はない。結婚前から難しい別れ話には慣れっこで、友達や家族から注目を浴びる準備は万端なんだから。こんな彼らが最も求めている励ましは、「キミはこのままじゃもったいない」という言葉。聞くなり元気になるはずだ。白人は皆、今の状況に自分はもったいないと思って暮らしているんだから。他人から言われれば運命の不公平さを認めてもらえた気がし、いつの日かロマンスでも仕事でも遅い春は来るという希望を持てるのだ。

最後に、親の離婚話をする白人の前で、親を亡くした経験を持ち出してはいけない。苦労の王様とは認められるけれど、生死に関係ない離婚の話で大騒ぎした白人全員がバツの思いをするからね。

37 コンサート会場での直立不動

Standing Still at Concerts

白人にとって音楽はとても大切だ。音楽は人生のサウンドトラック。どんな場面でも、これが自伝映画だったらどの音楽を流すのが適切だろうと考えている。問題は、白人好みの音楽は必ずしも踊りやすくないこと。苦悩、愛と別れ、死、モテないつらさなんて重〜いテーマが多いからね。

こじんまりした会場で行われるコンサートでは、何と言っても直立不動でいるべきだ。音楽に集中できるし、不必要に注目を集めなくて済むので心地いい。自分が踊り始めたら笑ってやろうとみんなが待ち構えていると、白人は思っているのだ。

代表例は、切ない曲で知られるバンド「ベル・アンド・セバスチャン」のコンサート。音楽イベントというよりは、ちゃんと列を作れない人々の集まりといった趣で皆バラバラと突っ立っている。

白人からコンサートに誘われたら、踊ろうなんて期待はしない方がいい。三時間、じっと立ったままでいる覚悟を決めること。手持ち無沙汰になるのでビールか、会場が禁煙でなければタバコを用意しておくといい。ただし、たまにステージの上めがけて片手をまっすぐ掲げることは認められている。

★注意★ドラッグのエクスタシーが追加されると、状況はがらりと変わる。

38 難しい別れ話

Difficult Breakups

白人はたいてい結婚前につらい破局を繰り返し、将来の離婚への訓練を済ませている。今まさに別れ話が進行中という白人に会うこともあるだろう。

失恋の痛みは古今東西を問わないけれど、重要なのは白人はこのつらい時期にこそ輝く種族ということだ。これをきちんと理解していれば、彼らの信頼を得て自分の利益につなげられる。

白人のアートは、つらい別れ話から生まれることがほとんど。関係が終わる時にこそ映画、インディー音楽、詩がどしどし生産されるのだ。これは白人流の苦痛対策と言える。

別れ話の開始とともに、白人は仲間うちでの注目を一身に集める。この期間中は長々と自分の話ばかりし、美しくも自虐的なザ・スミスの曲を聴き、共感する友人にディナーをおごらせる大義名分を与えられるのだ。

重要なのは白人をたっぷりと悲しみに浸らせてやることだ。「忘れろ」「もっといい人がいるさ」「詩なんて書いてる場合じゃない」などと叱咤激励してはいけない。また、世の中には別れ話よりも大事なことがあるとほのめかすのは、大変な無礼と考えられているから要注意。

英語以外の言葉を話せるラッキーな人は、その言葉で別れにまつわるフレーズを教えてやるといい。気にかけてもらった喜びと、友達の前で何回もそのフレーズを使える期待感とで、相手はたちまち元気になっちゃうからね。

39 地域の白人化

Gentrification

白人というのは、負け組になりえない状況が大好き。白人が少ない地区に家を買うのは、その手堅い代表例だ。

まだおしゃれでも安全でもないこういう地域に住むと、毎日「ホンモノの文化」にさらされているといって、他の白人から一目置かれる。平穏な郊外や、都市部だけれど裕福な地域に住んでいるという友達には、「そういうところはツマンないんだよな、作り物っぽくて。うちの近所はホンモノなんだ」と自慢できるのだ。まだ西海岸がアメリカの所有地ではなかった昔、ルイス・クラーク探検隊という開拓のさきがけがいたけど、現代の白人も似たようなもの。目指すのが太平洋ではなくて、改修が必要な中古物件というだけだ。

数年して近所に白人が増えてきたら、値段が三倍に跳ね上がった家を売って超モダンな新居に越せばいい。一目置かれるかがっぽり儲けるか、どちらもおいしい状況だ。

こういう手合いが自分の住んでいる新興地区の話をしたら、こう言おう。「わあ、あそこは危ないでしょう。私にはとても住めない」。相手はパイオニア気分で鼻高々になること間違いなし。

40 バイリンガル(もしくはそれ以上)の子供

Multilingual Children

白人は例外なく、我が子に外国語を学ばせたいと思っている。自分たち両親がニューヨークタイムズを読みジャズを聴く横で、フランス語と英語をペラペラしゃべりながら跳ね回る愛児の姿を夢想しているのだ。

年を取るにつれ白人は、自分の親がバイリンガル教育をしてくれなかったことを恨むようになる。誰もが一度は外国語習得を試みるのだけれど、たいていエスニックレストランで注文したり、いくつかのキーワードを大げさに発音したりする程度で終わってしまう。これはもちろん自分の努力不足ではなく、子供時代に外国語を教えてくれなかった親のせいなのだ。

幼いころにフランス語を学んでいれば、自分の人生はまるで違っていたはずだと白人は思う。アメリカなんかで腐っていないで、海外に住んで国連だとか、スイスやハーグに本拠地を置く重要機関だとかに勤めていたはずだと。

白人が子供に学ばせたがるのはたいていフランス語だ。本格派は莫大な金を払って、リセ（フランスの高校）や現地の語学学校に子供を送り込む。しかし大半は、子供をフランスに留学させるにはマイホームのローン増資が必要と気づいて夢を捨てるのだ。

ドイツ語、スペイン語、スウェーデン語、イタリア語も悪くはないけれど、フランス語に劣る補欠言語と見なされている。スペイン語は特にそうだ。その一方で近年では、子供にアジアやアフリカの言語を教えるのこそ「達人」とされるようになった。

以上の知識が役立つ理由は一つ。白人が子供に外国語を教えたがっているということは、外国人であるキミと子づくりをしたがる率が高いということ。語学学校より安上がりだからね。

41 サッカーという概念

The Idea of Soccer

自称サッカーファンのアメリカ白人は多いけれど、要注意だ。これは仮面なんだから。

真に受けて自分の好きなチームやサッカー史における名場面について語ろうものなら、相手はポカンとしてしまう。白人は本当はサッカー観戦など好きではないのだ。好きと言うのが好きなだけ。

白人が「サッカー好き」な主な理由は、マフラーが買えるから。ご存じの方もいるかもしれないけれど、サッカーチームが特製のマフラーを発売するケースが多く、これが白人にはたまらないのだ。

ほとんどの白人は、ヨーロッパや南アメリカへの留学なり長期旅行なりがきっかけで、ひいきのサッカーチームを見つける。そして帰国に伴い（ヨーロッパ風に）「フットボール」の素晴らしさや、これから熱心なファンとなる決意について語るのだ。中には実際にサッカーリーグに入ったり、地元プロの試合を見に行ったりする者もいる。

こういう傾向を利用する一番の方法は、ひいきのチームとファンになった経緯を聞いてやること。相手は海外での体験を語り、知識をひけらかして上機嫌になる。話が終わったら、何でも好きな頼み事をするといい。

★注意★ヨーロッパの白人は本物のサッカーファンであり、以上の説明には当てはまらない。

42 大学院 Graduate School

人より自分の方が賢いことを証明するために昼も夜も頭を悩ます——それが白人の白人たる由縁なんだ。とはいうものの、学生になるころには、「思っていたほど自分は賢くない」という事実に大多数が直面する。

コーヒーショップで、バーで、そして教室で、白人学生は作家や理論家について議論を交わす。お互いなるべく知られていなさそうな人物を挙げ続け、ついにどちらかが勝利を宣言をするまで議論は無為に続くのだ。しかし現代白人社会での競争はしれつ。卒業（もしくはその一〜二年後）までに白人は、勝ち組となるには「武器」が必要だと気づく。

その武器が大学院だ。

法律とか医学といった職業に直結する専攻も人気だけれど、白人が求めてやまないのは役に立たぬ知識を伝える「真の象牙の塔」だ。ベストな専攻は英語、歴史、芸術史、映画、性別学、〔国名〕学、古典、哲学、政治学、〔ヨーロッパの国名〕文学。頂点に立つのは比較文学だ。芸術修士号も悪くない。

大学院入学は、学ぶことに情熱を傾けるエリート集団に加わるチャンス。学問的栄光を追求するためなら、出版やメディア業界で今もらっている年収五〇〇万円超をあきらめるくらい何でもないのだ。

大学院は何かと「白人の幸福の条件」を満たしてくれる。社

会貢献している気になれるし、政府や大学は頼りにならないなんて文句が言えるし、貧乏ぶれる。さらには頭が良くなった気がするし、週末は金曜から三日間だし、毎朝寝坊だってできるのだ！

昇給や採用に直結しない修士号を獲得した後、白人の多くは博士号プログラムに進学する。いずれ教授になることを夢に見て、しかし二年目のある朝起きてはっと気づくのだ。二日酔いの頭で自問するのは、「ど田舎で年収三五〇万の教職に就くために六年かけて博士号を取るのか」というイタイ事実。

このピンチを経て選ぶのは、次の二つの道のどちらかだ。

一つ目は博士課程からドロップアウトし、ニューヨークかサンフランシスコに引っ越して大学院入学前の仕事に戻ること。博士課程を修了しなかったとはいえ大学院生よりは格上の気分で、「博士号は知性ではなくてしつこさの証明だね」なんてうそぶける。またパーティでテレビ番組について話していても、フランスの精神分析家ジャック・ラカンやスロヴェニアの哲学家スラヴォイ・ジジェクを引き合いに出して知性をひけらかせるのだ。

二つ目の道は、教授になり、田舎に引っ越し、「学のない」地元民に悪態をつくこと。

重要なのは、大学院で人は賢くならないという事実だ。修士号保有者に会っても恐れることはない。確かに本はたくさん読んだかもしれないけれど、だからといって賢くも、仕事ができるようにも、感じがよくなるわけでもないのだ。批判理論家なんかについて白人が語り出したら、一番いいのは感銘を受けたフリをすること。相手は「やっぱり大学院で学んだことは大事で、自分はこいつより賢いのだ」と思って安心する。こうしておけば、キミの方が先に昇進した時に対応が簡単になるからね。

43 アンチ大企業
Hating Corporations

最近一五年間、ステキな白人に人気なのが、「多国籍企業の巨悪に関する大衆の教育」。ウォルマート、マクドナルド、マ

イクロソフト、ハリバートン（訳注）といった大企業がいかに世界の文化と資源を破壊しているか、知らずに暮らす人々を指導するわけだ。

多国籍企業の成長には、さまざまな社会的、経済的、政治的要素が絡みあっている。しかし多くの白人はその複雑さを無視し、『ブランドなんか、いらない――搾取で巨大化する大企業の非情』という本と『アドバスターズ』という雑誌の言うことを鵜呑みにしたがる。この二つは白人に人気の情報源だ。

紀元前エジプトでアレクサンドリア図書館が炎上して以来、二〇〇〇年出版の『ブランドなんか、いらない』ほど白人の「啓蒙」に貢献した本は登場していない。これは、一読で多国籍企業の巨悪について理解させ、そのまま友達や家族に述べ伝えさせる魔法の書なのだ。

上級者はさらに『アドバスターズ』を購読することにより、『ブランドなんか、いらない』で得た知識を補強する。『アドバスターズ』は「いかに企業支配を破壊し民衆の手に文化を取り戻すか」を説く雑誌だ。もっと詳しく言うと、既存の広告をパロディ化して、商品メッセージのイメージダウンを図るというスタイルを取っている。パロディを見れば、消費者はただちに、映画『マトリックス』のような「作り上げられた」世界に生かされているとと気づくはずということなのだろう。

　白人と長時間会話したり一緒にハイになったりする予定があるのなら、『ブランドなんか、いらない』か『アドバスターズ』を読んでおこう。それが無理な場合は、いずれか一冊を買って自宅のコーヒーテーブルの上に置いておくこと。見つけた白人は、いかにキミが広告の裏側を見抜ける、正しい視点を持った人間であるか認識するはずだ。

★警告★大企業の巨悪について語る際、決して前述の企業と同じ調子でアップルコンピュータ、ターゲット、イケアを糾弾しないこと。白人は、自分が好きなモノを作っている企業は責めたがらないからね。

（訳注）チェイニー元副大統領がブッシュ政権入りするまで最高経営責任者を務めていた多国籍企業で、主な営業内容は資源関連。

44 短パン
Shorts

白人は与えられた状況を最大活用する。つまり得られるものは最大限に搾り取るのだ。これは仕事、休暇、投資、本、教育など、何にでも当てはまるけれど、中でも「暖かな日」は重要だ。

ほんの少し寒さが緩んだ冬の日、白人はとても興奮する。外に出てイキイキと自然を満喫するチャンスなのだ。このチャンスを最大活用するため引っ張り出されるのが白人の友、短パン。

冬の平均気温を少しでも上回った日に短パンをはくことで、白人は春の到来を早められるとさえ信じている。この迷信があまりに浸透しているため、寒さが戻ったというのにやせがまんして短パンをはき続ける者もいるほどだ。

短パンをはいて震えている白人を見かけたら、こう言おう。

「ウィンドサーフィンができるくらいあったかくなるのが待ち遠しいね」

相手はハイタッチでニッコリするはずだ。

45 アウトドア向けアパレル

Outdoor Performance Clothes

白人は年を取るにつれ、公私を分けたがるようになる。というより、職場で私生活について話すのはいいが週末や休暇中に仕事の話をするのは御免、と言うのが正確かな。でもブラックベリーやラップトップのおかげで、いつでもどこでも働けてしまうのが現代だ。では、完全オフ状態の白人はどうやって見分けるか。答えは簡単。服装を見ればいいのだ。

　オフの白人はたいてい、アウトドアウェアを来ている。人気ブランドはノースフェイス、REI、コロンビアスポーツウェア、パタゴニア。カナダのアウトドア専門生協、マウンテンイクイップメント・コープもいい。白人がこういうブランドの服を来ていたら、仕事の話は御法度だ。代わりに、「どこでそのフリース買ったの？」とか「鍵を短パンにくっつけてるその道具は何？」とか聞いてやろう。嬉々として地球に優しい品々の

話をしてくれるはずだから。

白人がアウトドア服を着たがる主な理由は、スーリー(Thule)のカーキャリアを積んだ車を走らせ、いつでも国立公園に向かえるようにしておくためだ。土曜の午後四時に友達から電話がかかってきて、「カヤッキングとキャンプだ。もうそっちに向かってるから着替えの時間なんてないぜ」と言われることが絶対ない、とは言えない。

もちろん実際にこんな電話がかかってくる可能性はゼロに等しいのだけれど、間違った服を着ていたばっかりにアウトドア活動を逃すなんて、考えるだけでも耐えられないのだ。

白人と週末を過ごす計画があるのなら、ジャケットか「高性能」Tシャツを購入しておくことを強くお勧めする。ちなみに高性能Tシャツとは、普通のシャツと大して変わらないけれど、ぐんと高価なもののことだ。

46 ゲイの友達を持つこと
Having Gay Friends

プロスポーツのようにドラフト制で友達を選べるとすれば、白人の指名選手は次のようになる。黒人、ゲイ、その他すべての少数派。個人的な事情やその地域の人口構成にもよるけれど、まあ基本はこんな感じだ。

どんなゲイ友を選ぶかは、本人のニーズや価値観次第。若者なら、若くて社交的なゲイを好む傾向がある。ナイトクラブやパーティに潜り込むための大事なカギだからだ。

ゲイ向けのナイトクラブを訪れたストレート白人は、進歩的で心が広い自分に改めてホレボレする。同性からナンパなんかされた暁には、自分のステキさを証明するネタとして利用するのだ。「そいつ/その子がナンパしてきたから、『自分はストレートだけど気にしないよ』って言ったわけ。全然ヘンな気分なんてしない。あ、キミは週末にアイリッシュ・バーに行ったの？　ま、無難でいいんじゃないの」

より年上の白人は、子持ちのゲイ・カップルを好む。自分の子供にかけがえのない多様性教育を施し、「一見違う人たちも心は同じ」であることを教えるためだ。

白人はまた、ゲイ友を持つだけで自分も彼らの人権運動を推進する一員のような気になる。基本的に誰が対象の人権運動でも好きなのだけれど、ことゲイに関しては見た目に差があるわけでもないので、混じって行進できるところがイイのだ。午後のひととき、抑圧の痛みを分け合う陶酔感ときたら！

ゲイ友は「多様性オールスター名簿」の重要メンバーだけれど、常に究極を求めるのが白人だ。そう、白人以外のゲイこそ、狙うべきお値打ち選手。中でも「子持ち」で「黒人」のゲイ友なんて言ったら、一生に一度会えるか会えないかという金星だ。アメリカンフットボールで言えば、パスができて、走れて、蹴れて、ディフェンスの要にもなれるクォーターバックみたいなもの。こういう人物に会うと白人は、我こそはとこぞって名乗りを上げ、「オールスター名簿」に彼を追加すべく互いを押しのけて争うのだ。

ゲイ友について白人から話を聞かされたら、「もっとキミみたいな人が多ければいい世の中になるのに」と言おう。数カ月に一度のペースで言ってやると完璧。相手はステキな自分の友達選びを得意に思い、自分がいかにほかの白人より優れているかを再認識できる。

以上の簡単なルールに従えば、白人から得られる利益を最大化できるはず。引っ越しの手伝いもタダ飲みもバッチリだ。

47 ディナーパーティ
Dinner Parties

大人への通過儀礼といえばサマーキャンプと思う向きが多いかもしれないけれど、白人界においては事情が違う。社会人にはなったが家の改修はまだ、というような年の頃、ディナーパーティの主催成功をもってようやく真の大人となるのだ。定年退職するまでディナーパーティは何度も開催せねばならないため、ココでしっかり習得することが肝心。

基本のディナーパーティは、一戸建てやアパートに三〜六組のカップルが集まり、五～六時間食事や会話を楽しむというもの。簡単に聞こえるかもしれないけれど、ディナーパーティのストレスレベルは、白人が行うイベントの中でも一、二を争う。

会場主でありもてなし役となる「ホスト」には、めくるめくステキな晩の演出が期待される。新鮮かつオーガニックな材料を使った手作りの食事、斬新ながらうるさすぎない音楽、さらに出しゃばりすぎない上品な飾り付けが必要だ。前回ホストとなったカップルに勝り、皆がねたむほど完璧なパーティこそが究極の目標。

ディナーパーティは食事、ワイン、家具、芸術、インテリア、音楽、本といった分野にわたる趣味の良さをアピールするチャンス。独裁政治や一部の殺人裁判を除けば、現代世界でこれほど厳しく裁かれるものはない。一つも失敗は許されないのだ。USウィークリー、マクドナルド・ハンバーガーの包み紙、ジョン・グリシャムの本、サード・アイ・ブラインドのCD、映画「オールド・スクール」のDVDなど、ステキな白人

が認めないアイテムを出しっ放しにしていたらオシマイ。たった一つのミスが何カ月、もしかしたら何年とかけてきた準備をおじゃんにしかねないのだ。

ゲストが到着する前から膨らむプレッシャーは、ディナーが始まればノンストップでホストを襲う。五～六時間はかかるパーティを飲食と会話で埋めるのだから大ごとだ。沈黙が流れるのを避けるため、白人はしばしばボードゲームや Wii ボウリングの力を借りる。会話しなくても楽しく盛り上がれる、アリガタイ味方だ。

ディナーパーティに招待されたら、ワインやデザートといった手みやげを持って行くことを強く勧める。さらに祖国のエキゾチックな一品を持って行ければ、パーティのスターになること間違いなしだ。トドメを刺すには、その品に関する説明を添えること。歴史、珍しさ、正しい食べ方など説明は多ければ多いほどいい。同席した白人はみなそれを記憶にとどめ、今まで自分が知らなかった「正統派アイテム」を披露したキミに一目置くようになる。また、その品を食べたことがあるという声が上がった場合はこう言おう。「あ〜、それはマイルドバージョン。普通、白人に本物は売らないから。そのくらいキョーレツなの。私だって身分証明書を見せなきゃ買えなかったんだから」

一同、キミが招待客の頂点に立つことを認めるだろう。ホストもまた、多様性な文化を体現するゲストが手土産付きで現れた幸運に感謝しているはずだ。

48 サンフランシスコ

San Francisco

白人にとってサンフランシスコは、旅行先としても居住地としても全米ナンバーワンの都市。どんな場面で持ち出しても安全な話題だ。

旅行先としてサンフランシスコが人気なのは、美しい建築物、おいしい食事、そして水辺という白人が好きなモノを取り揃えているからだ。一方居住地としては、たくさんのNPO、高級サンドイッチ店、ワインを備え、これまた白人好み。政治

的に左寄りで、人種や志向が多様な人が集まっているのもい い。

白人の多くがこの街に①住んでいる、②引っ越すつもりでいる、③親近感を持っている、という状況に鑑み、しかるべき対策を取るのが得策だ。

サンフランシスコには白人、ゲイ、アジア系が混じり合って暮らしている。エキゾチックなレストランも豊富なら住宅価格も下落知らずで、白人文化においてこれは「理想的な配合」。ゲイとアジア系は、白人の成功と幸せに欠かせないカギなのだ。

ただしサンフランシスコの外に出ると、付近には白人でもゲイでもアジア系でもない「問題ぶくみの有色人種」が多い。白人は世論調査のような公の場では彼らを尊重しているけれど、実際は「オークランドやリッチモンドにとどまっていてくれるのが一番」と思っている。オークランドやリッチモンドはいわゆる「イースト・ベイ」、サンフランシスコ湾の東岸地区だ。向こう岸にいてくれる限り収入の格差や荒れた公立校に直面することなく、「多様な人々」に囲まれたつもりでイイ気分になれるんだから。

とはいえ、人口統計で多様性をアピールする以外にも、非白人の存在には重要性がある。すなわち、ブルックリンの白人が根拠もなくノトリアス・ビッグに入れ込むように、サンフランシスコの白人もイースト・ベイ出身のラッパーに親近感を抱いているのだ。また興味深いことに、サンフランシスコから遠くに住んでいる者ほど、地元への思い入れは強い。

「ゆうべトゥー・ショート（オークランド出身のラッパー）のコンサートに行って超盛り上がった。一度うちの近所に遊びに来いよ。オレのプリウスでゴーストライドしようぜ」。ゴーストライドは、アイドリング状態で動き続ける車の屋根によじ上ることで、イースト・ベイが発祥地。

こういう発言をする白人がいたら、たとえ実際に住んでいるのはオークランドより黒人率の低い学生街バークレーであっても、「オークランドはすぐ隣だもんね」と認めてやるのが一番だ。相手はうなずき、西海岸ラッパーのハンドサインをキメるはず。

　サンフランシスコに住む白人をおだてるのは非常に簡単だけれど、一つ警告がある。それはニューヨークを引き合いに出さないことだ。サンフランシスコは世界が認める大都市でありながら、ニューヨークに対してひねくれた劣等感を抱いている。その名が出ただけで悲しみ、意固地になってしまう恐れがある。

　幸いなことにそんな時、すぐに会話を軌道修正できる簡単な方法がある。サンフランシスカンをどんなに怒らせたとしても、「南カリフォルニアのコトはどう思う？」と聞けば大丈夫。相手は待ってましたとばかりに、いかに南カリフォルニアが犯罪、公害、画一的な文化、そしてカッコよくない白人に占拠された土地か語り出すはずだ。「カリフォルニアは二つの違う国から成っているようなものだよ。西海岸文化の中心にいる自分はラッキーだな」。優越感を取り戻した彼らは、自分とキミにいい感情を持って会話を締めくくれること間違いなしだ。

49 ラグビー

Rugby

白人のアパートや家に鎮座する、卵とアメフトのあいの子のようなボール。何だろうと思っていた人もいるかもしれないけれど、ラグビーボールだ。

白人にとってラグビーが重要な理由はいくつもある。まず挙げられるのが「北米での認知度が低い」ということ。白人はマイナーなものを好むため、サッカーにも劣る普及率のラグビーは魅力的だ。しかし、それも重要ではあるけれど、本当の人気の理由はほかにある。

それは何と言ってもユニフォーム。たいていのスポーツではナイロンやメッシュ地が普通なのに、ラグビーのジャージは厚手のスウェットシャツで襟までついているのだ！　これほど自然に競技場にもファーマーズマーケットにもとけ込めるユニフォームは、ラグビージャージをおいて地球上に存在しない。

ラグビー派はたいてい、高校や大学でスクールチームに入っ

たり、上級者ではリーグ戦に出場したりしてこのスポーツのファンとなる。三〇代半ばになるまで、土曜の朝は地元の公園に集まってプレーし続けるという者も多い。白人の友達を増やしたいと思っているなら、一度参加してみよう。股間をつかまれる覚悟は必要だけど。

自分でプレーしてファンになるケースが一番多いものの、オーストラリアやニュージーランドへの留学をきっかけにラグビーに傾倒するようになる者も少なくない。ひいきチームのマフラーを購入できるのはサッカーと同じだけれど、ラグビーの場合ジャージというオプションもあるのが魅力。マフラーと違ってジャージは一年中着用できるため、南半球で過ごした日々を自慢する糸口にもしやすいというものだ。また、周囲のさらなる感心を誘うため、「ラグビーよりオージーフットボールが好き」と宣言する者もいる。こういう人物と友達になりたい場合は、どういうルールのスポーツなのか聞いてやるのが一番。張り切って教えてくれるから。

共にプレーを楽しむほかにも、白人のラグビー好きを利用する方法がある。話している相手がラグビー好きだと分かったらこう言おう。「アメフト選手はデカいかもしれないけど、本当に強いのはラグビー選手だよ」。相手は間違いなく、ウィンクしながら「股間プロテクターを着けるアメフト選手は弱虫だぜ」と答えるから。きっと週末の試合にも招待してくれるはずだ。

50 三〇代後半で親になること

Having Children in Their Late Thirties

白人は三五歳から四〇歳になるまで待って子供を持つのが普通だ。

白人の子の養育は容易ではなく、膨大な資金と様々な道具を要するため、二〇代での実現は無理なのだ。白人の二〇代は大都市に住み、配偶者を見つけ、キャリアをスタートし、最初の住まいを整えるだけで終わってしまう。

それが三〇代後半になれば、そこそこの大きさの不動産をしかるべき地域に購入し（郊外は可だけれど褒められもしない）、私立校の授業料を払い、いずれ子供が難関大学に入る基礎を築く種々の道具や専門家に投資するだけの資産ができるというわけだ。

また、白人にとって三〇代後半というのは「自分探しと癒しの旅」が終わって、ようやっと次世代を育てられる精神状態になっている時期でもある。

三〇代後半になって子づくりに励んでいるがなかなかできないという白人に出会ったら、間違っても「待ちすぎたんじゃ……」などと言ってはいけない。「若い時にタバコ吸ってた？」とか「オーガニック食品に切り替えたのはいつ？」と年齢以外の要素に理由を転嫁するのが好ましい。

ただし、以上のような傾向にも例外がある。近年、「セクシーママ」になるという夢に取り憑かれ、二〇代後半で子供を産む白人女性が増えているのだ。「一生の間にやりたいことリスト」の項目を一つクリアし、その上で自分探しの旅に戻ろうというわけらしい。

51 赤毛

Red Hair

赤毛は白人の中でも珍種と言っていい。この毛色は北ヨーロッパの突然変異で、一〇〇年後には絶滅するものと思われる。今のうちにご鑑賞あれ！

白人社会で赤毛が果たす役割は知らねばならないというものでもないけれど、白人の理解に役立つ。赤毛は見た目が赤いという当然の事実以外に、伝統やうらやみ、あざけりといった様々な要素と絡み合っているのだ。

まず、赤毛はアイルランド系に多いとされ、見る者に民族の伝統について考えさせる。

女性の赤毛は憧れの対象で、八〇年代に絶大な人気を誇った赤毛女優にモリー・リングウォルドやジュリアン・ムーアがいる。白人女性には必ず、髪を赤く染めようとした思い出話があるはずだ。赤毛はナチュラルかつマイナーという、白人が求める二条件を兼ね備えているのだ。

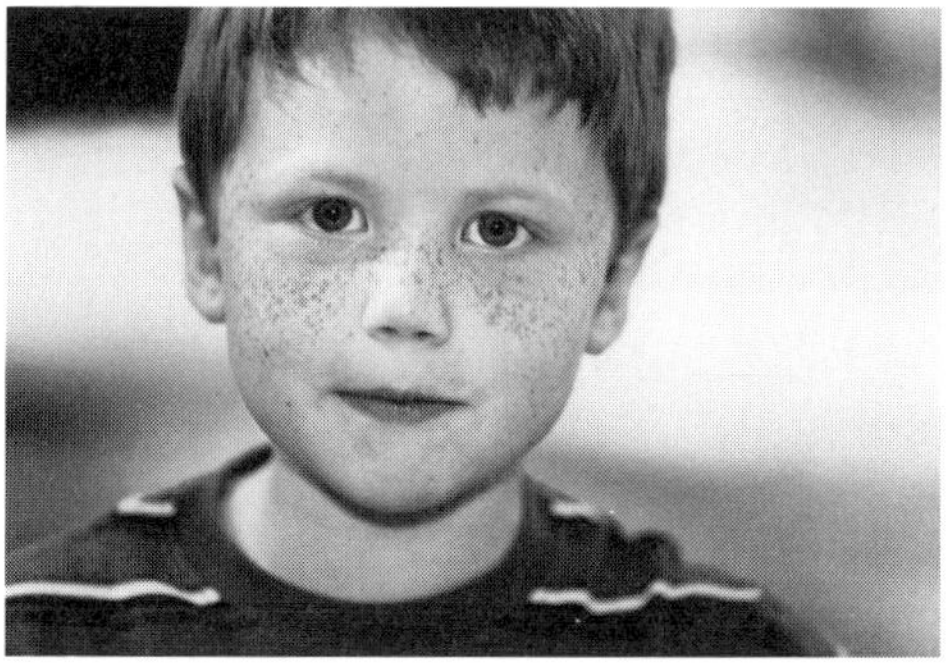

一方、赤毛の男にいいことはほとんどなく、赤毛であることに起因する問題と一生取り組んでいかねばならない。最初の困難は、赤毛がいじめられやすい子供時代に発生する（そばかす付きは最悪）。こういう背景があるから、白人はいじめられ役を「赤毛の継子《ままこ》のように」と表現してちゃかすのだ。

スポーツの対抗試合が迫っている時には、「あいつらなんて赤毛の継子のようにやっつけてやる」と言ってみよう。相手は冗談が分かるやつだと、笑うかうなずくかして喜ぶはずだ。

赤毛の白人と友達になりたい時は、やや高飛車に聞こえようが、いきなり「自分も子供時代は苦労したんだ」と言ってしまおう。相手は最初こそ引くかもしれないけれど、中学生時代、どんなに容赦なく「アソコの毛は何色なんだ?」とからかわれたか語ってくれるはずだ。

52 モーターなしボート

Non-Motorized Boating

白人は水辺が大好きだ。のどかにパチャパチャなんていうのでは飽き足らず、最大限にアクティビティを詰め込みまくる。おなじみの水遊びといえばスイミングだけれど、泳ぐためだけに休暇を取る白人なんてほとんどいない。本気で水を楽しむなら、ボートがなくっちゃ！

ボートは水上キャンプみたいなものだ。乏しい食料を手に一人きりで、もしくはごく親しい友人とひとときを過ごす。救助が必要になったり、悪くすると大自然のいたずらに命を落としたりすることだってあるかもしれない。

どんなボート遊びをするかは、居住地と好み次第。海辺に住む白人なら伝統的にセーリング好きだし、川の近くならカヤッキングやラフティング、湖ならば手こぎボートやカヌーという具合だ。しかしこれらは一般的な傾向で、どれをいくつ選んだってかまわない。ただし、モーター付きのボートは教養のない

「間違った種類の白人」に人気があるということで、ステキな白人の間では無価値とされている。

ボートに関する好みが分かったところで、早速話題に出して点数を稼ごう。しかし細心の注意が必要だ。ボートについて尋ねすぎると、「一緒においでよ」なんて誘われかねない。水面で缶詰になる旅への片道切符のようなものだ。何時間も逃げられないし、キミもこぎ手として頭数に入れられるからね。

53 マフラー

Scarves

白人の体温調節機能に理屈や一貫性は存在しない。これが、周りから見ればヘンテコで不合理な衣服の組み合わせを生む理由となっている。良い例にアウトドア用ベストがあり、「胸は寒いが腕は熱い」という白人が長年抱えてきた問題を解決してくれた。短パンとスウェットシャツという組み合わせも、上半身ブルブル、下半身アッチッチという状況を改善して人気がある。しかし、どんな場面でも活躍する体温調節アイテムと言えばマフラーを置いて他にない。

寒い冬の間、グルグルとマフラーを巻いているのは当然だ。しかし寒さが緩みほかの防寒服が脱ぎ捨てられる頃になっても、白人の首にはマフラーが残っている。

セーター、ジーンズ、マフラーという出で立ちは誰が見ても普通だけれど、白人にとってはTシャツ、ジーンズ、マフラーという出で立ちだって普通。マフラーと薄っぺらい木綿のTシャツという組み合わせにより、バーをはじめとするエアコン完備の室内で完璧な体温調節ができるのだ。

しかし、マフラーは体温調節のためだけのものではない。仕立ての良いマフラーは白人のコーディネートに欠かせないアイテムであり、同じ格好をした集団の中で識別を可能にする。どれをナンパしようとか、からかってやろうとか判断できるわけだ。

「あのメガネと白い『アメリカン・アパレル』シャツの人、私好み」

「どれ？　八人いるけど」

「あの、アラブ風の頭巾を首に巻いてる人」

「あ、ホントだ。ほかの七人より賢そうで社会問題に敏感な感じ。寒い風に弱いってことは、きっとハートも繊細よ。声かけなよ」

マフラーはワードローブのきもになるだけでなく、贈り物経済の重要な柱でもある。手編みマフラーはさほど難易度が高くないため、友達や恋人のために編みたがる白人（ことに女性）は多い。「新しいマフラーが欲しいが長期交際は求めていない」という場合は、簡単かつ経済的な解決法として白人女性との交際を検討してみるといい。

54 デトックス
Cleanses

何日間も水分、香辛料、樹液以外口にしない人を見たら、たいていの国では「飢饉か」と思うだろう。しかし、アメリカの白人界においてこれは、「デトックス」の真っ最中なのだ。

白人は親のせいにできない問題が発生すると、食べ物を責め

立てる。疲労やウツはたいてい、食べ物に入っている保存料のせいだ。オーガニック食品しか食べていない場合は、水や空気が矢面に立たされる。

唯一の解決法はデトックス。体内から汚染物を取り除くため白人は、水、レモン果汁、カイエン・ペッパー、メープルシロップを混ぜ合わせた液体だけを摂取して一〇日以上を過ごす。そしてこの間、「いつにないエネルギーがみなぎってきた」とか「気分最高」とか言うはずだ。ニキビ、腰痛、不眠といった慢性の問題が魔法のように消えたとも。

白人にとってデトックスは、コンピュータの中身を一回消してOSをリインストールするようなものなのだ。不必要なものを取り除いて、新しくやり直すチャンスというわけ。確かにどちらも、いずれは悪いクセに逆戻りし、必要なものは失ってしまいがちという点では似ている。

残念なことに、気さくな人ほど、デトックスの過程で自分から「出てきた」ものについて詳しく語りたがる。「見るからに悪いモノが濃縮された真っ黒な液体が」「ソーセージが詰まったストッキングのように」といった具合だ。たいていは、これに「過去六カ月とか一年間に体内にためられた毒素が分解されて排出されているのだ」という説明が付く。

このような会話に巻き込まれてしまったら、相手は「健康そう」と言ってもらいたいだけなのだと理解するのが肝心だ。よって、次のような返事が最も好ましい。「わあ〜、意志が強いのね。私にはとてもできない。きっと四五歳くらいで死んじゃうわ」。白人は「相手より健康で永遠に死なない自分」を再確認して喜ぶことだろう。

55 自虐的なユーモア

Self-Deprecating Humor

白人という白人は、周りの誰よりも自分が賢いと思っている。従って、自分の賢さをあからさまに証明しようとする人間は嫌われる。それよりも外向きに劣って見せるため、自分をネタに笑いを取る人間の方が好かれる。白人界において「己を笑える能力」は、「ステキなレストランの知識」と同じくらい評価されている。え、意味が分からない？　つまりとっても重要ってこと。

　この本の多くのトピック同様、用意されているのは白人が必ず勝ち組に収まるシナリオだ。自分をあざわらう白人はたいがい、密かに相手を侮辱している。例えば、「働きまくるしか能がなくて私生活ゼロ」なんて自分を笑うのは、私生活が充実した人間を怠け者と呼んでいるのだ。また、上っている話題に関してオタクを自称する場合は、笑いを取るたび、「自分はアンタより賢い」と言っている。

　お金に関して言うと、自分の貧乏ぶりについて冗談を言う白人は密かに、芸術や人道的活動に身を捧げず「私腹を肥やす」金持ちを非難しているといった具合。

　このようなユーモア感覚は、恋愛方面での成功にも欠かせない。例えば、白人男がこう言ったとしよう。「僕はからっきしモテなくて。ユナボマーの方がよっぽど女に不自由してないと思うよ。覚えてる、あの爆弾魔？　刑務所にラブレター送ってるコが絶対いるって」。相手の女性が少しでもこの男に関心を

持っている場合はコロッといってしまうはず。白人女性は、「自分で笑いを取っても平気なくらい自信がある」男に弱いのだ。また、たとえ関心がなくても、そんな男が好きな女友達を紹介してくれるからやっぱり成功。負けようがない。

自虐ユーモアの世界に飛び込む前に一つ注意。この方法は「別にどうでもいいこと」にしか使ってはならない。家族の肺がん史や自分の処方薬中毒なんていう重い話題で笑いを取るのは、会話の相手が達人の時のみ許されることだ。一般人相手では、気をめいらせて変人扱いされるのがオチ。

まとめとして、自虐を上手に理解することこそ現代白人と交流するにあたって成功する秘訣と言えるだろう。

56 高潔さ
Integrity

ミュージシャン、芸術家、ライター、ディレクター、写真家、出版物などを評価するとき、白人が最も重きを置くのは「高潔さ（インテグリティ）」だ。辞書では「特に倫理・芸術に

おいて断固として規準を貫くこと」とされる言葉だけれど、白人語においてはもっと簡単に「金に走らないこと」と定義できる。

「金に走る」とは、アーティストが作品によって収入を得て、より多数の聴衆に露出されるようになること。これは、白人にとって二つの問題を生じさせる。より緊急なのは、ヤボな白人を含む雑多な人々がこのアーティストのファンになってしまうということだ。ステキな白人にとってこれほどおぞましいことはない。

二つ目は、自分はアーティストではないという事実を突きつけられることだ。白人は売れていないアーティストを応援しながら、「自分は夢を捨てたが収入と安定を手に入れた」と心の安らぎを得ている。こいつより大人の選択をしたのだと。ところがこういうアーティストが成功して金持ちになるのを見ると、自分の犠牲は無意味だったのだと悲しくなってしまう。唯一自分を慰められる方法が、「金に走った」とアーティストをそしることなのだ。

こういう発言をする白人に出会ったら、「誰も下っ端コピーライターでいつづける腹なんて据わっていない」なんて言ってはいけない。代わりに、自分が昔好きだったアーティストや、仮に自分が大枚を積まれたらどうするかといったことに話をつなげたほうがいい。喜ばせたい場合は、「自分だったらお金を取っちゃう」と言い、相手に「オレは芸術作品に値札は付けない」と反論させてやろう。こうして元気が出た白人は、次に夢中になる無名アーティストを探す長い旅に出られるのだ。

57 自然分娩

Natural Childbirth

白人にとって人生の導入部はことさら重要。「乳幼時に過度の困難に直面すると、大人になってから大量のセラピーやカウンセリングが必要になる」と信じているのだ。ナチュラル&ハッピーな我が子を作るためなら、白人は何だってする。スタートは出産のときだ。

人類の誕生から何千年も経つけれど、白人は「自分こそ出産を体験する初めての人間」と思っている。少なくとも、「優秀で美しい子を産む初めての人間」くらいには。従って出産は、しかるべき手順を要するスピリチュアルな体験。すなわちキャンドル、バスタブ、リラクゼーション音楽なしには実現しえない。心身両面から妊産婦を助ける出産経験者、「ドゥーラ」の利用も人気だ。近代における白人の出産とは、通常より多くの叫び声を要し、子供が出てくるまで終わらない「究極のヨガ教室」みたいなものだと言える。

スピリチュアルなお産は、痛みを軽減する薬物の不使用も意味する。ドラッグ・フリーな環境に我が子を生み落とすことは、白人にとってとっても重要。そうすれば、その子が高校生になってドラッグを始めるころ、より良いハイ体験が得られるからね。

分娩が終わって部屋に残されるのは赤ん坊、お香の香り、自己満足と胎盤だ。胎盤は病院で廃棄されるのが普通だけれど、近年白人は、産後に胎盤を食するという興味深い行動を取り始めた。理屈で言うと人食いに当たる行為だが、多くの白人は胎

盤を最高のオーガニック食品ととらえているのだ。スシもアルコールもタバコも口にせず、髪も染めず、胎児に悪影響を及ぼしうるあらゆる行動を慎んできた妊婦から出てきたとなれば、それ以上の健康食はないというわけ。ちなみに、菜食主義者が食べてもOKなのかどうかは不明だ。

妊娠が分かった白人女性がいたら、胎盤レシピを贈ってやろう。胎盤を食べるつもりではなかった妊婦も、「なんて先進的な人なのかしら」と感心するはず。さらに「自分の祖国では……」とエキゾチックなレシピをでっちあげることができれば、当初の計画がどうであろうと使ってもらえること間違いなしだ。贈り物としてはほかに、キャンドル、だっこ用スリング、ネイチャーサウンドCDなどが喜ばれる。

58 アメリカインディアンの教え

Native Wisdom

親と違う宗教を好むというのが白人なんだけれど、選んだ一つの宗教のアドバイスしか受け入れないというわけではない。

白人由来でない限り何でも大歓迎なのだ。そして、ここ五〇年以上、白人に人気の「知恵チャンピオン」といえば、アメリカインディアンをおいてほかにない。
白人はモダンな家具にマッチしない宗教には入信しないため、アメリカインディアンの仲間に入ろうとはしない。しかし、彼らに伝わる知恵は大好きだ。
中でも、自称「アメリカインディアンの子孫」には威力抜群。「ボクには三二分の一、チェロキー族の血が混じっていてね。オオカミとタカの寓話がしっくり来るんだ。以前、肉と同じ鍋で調理した野菜を食べるのは菜食主義者として正しいか、ってことで友達とモメたんだけどね。この寓話のおかげで、すっかり仲直りできたよ」
アメリカインディアンの知恵を授けようとする白人に会ったら、黙ってうなずくのが一番。さらに「祖先にアメリカインディアンがいる」と言う場合は、さらに詳しく質問してやろう。

59 がんばりすぎること

Trying Too Hard

キミに何か夢中なものがあるとしても、世の中には一〇〇%の確率で、もっと熱烈にそれを愛する白人がいる。中国語、スシ、マリファナ、アフリカ音楽、ヒップホップ、テレビ、マダガスカル、フィリピンの球技ハイアライ。どんなにマイナーだろうが外国のものだろうが、それは変えられない事実だ。

白人は一人残らず、何かの専門家にならねばと思っている。仲間うちで認められれば十分という者もいるけれど、そんな生ヌルいことでは満足できないという者も多い。熱狂派との遭遇はそれだけで不快だし、対応を間違うとこっちが嫌われ、さらに悪くすると無礼者呼ばわりされるので注意が必要だ。

筋書きはいつも大体同じ。例えばグループでしゃべっていて、キミが「ジミヘンが好き」と言ったとしよう。すると向こうの方から聞こえてくるのが、「どのアルバムが好きなの?」という声。キミが口を開けかけるやいなや、相手は答を待たず

に割って入り、稲妻のような速さで質問を浴びせる。「『ルース・エンズ』は持ってる？　ビニル版は何枚持ってるの？　BBキングとジム・モリソンとの密造版は買った？　『ジミ・ヘンドリックス――エレクトリック・ジプシー』は読んだ？」と尋問さながらで、気づくと君はヨロめいているはずだ。相手をオタク扱いして「勘弁してよ」とからかいたくなるかもしれないけれど、ここは要注意。一瞬みんなの笑いを誘えたとしても、この手合いの人間を憤慨させる代価は大きい。

自分の知識レベルが負けていないと感じても、挑発は禁物だ。そもそも勝てる相手じゃないからね。

60 オレゴン州ポートランド

Portland, Oregon

オレゴン州ポートランドは、小説『蝿の王』のようなものだ。「少年」を「白人」に、「南太平洋」をアメリカの「太平洋北西海岸部」に置き換えれば、どちらも「単一の人々から成るグループが、他者の監視のない地域に暮らす」という設定が同

じ。一同を満たす幸福感と自信はいずれ、野蛮と殺人に置き換えられる……。

というのは冗談としても、ポートランドの白人率の高さは全米の大都市の中でも随一。当然のことながら、全米で最も自転車、菜食主義者、GLBT（ゲイ、レズ、バイ、トランスジェンダー）に優しい街でもある。

フルタイム職がなくてもロフトに住める家賃の安さは、フリーランスのデザイナーやアーティストの憧れ。週四〇時間働く必要がなければ、その分芸術に集中したり、近所のコーヒーショップでEメールをチェックしたり、歴史ある「クリスタル・ボールルーム」にインディー・ロックのコンサートを見に行ったりできるというわけ。

ポートランドが引きつけるのは独身貴族ばかりではない。不動産価格が手頃とあって、ロサンゼルス、ニューヨーク、オースティン、シカゴ、ボストン、サンフランシスコ出身の子持ち族が群れをなして押し寄せている。そのそれぞれが自分の白人文化、モダンな家具、プリウス、菜食主義レシピを持参して集うのだ。

ポートランド市は、自転車レーン、電車システム、民主党支持の登録者数を拡大してこれに対応し、繁栄を実現している。しかし『蝿の王』のシナリオでいうと、そろそろピギーの眼鏡が壊されるころ。地域の食品生協でオーガニックサーモンが品切れにでもなれば、大暴動や殺人が起きるやもしれない。

以上の知識は大切だ。今住んでいる街について白人が文句を言い出したら、「ポートランド移住は考えてみた？」と聞けばいい。相手は落ち着きを取り戻し、「数年後に計画中」と答えるはず。しかし、エスニックレストランを開店したいと明言できない限り、自分もポートランド移住を考えているなんて言ってはいけない。白人以外も狙っているのかと、相手は居心地が悪くなっちゃうからね。

61 チェ・ゲバラ

Che Guevara

ご本人はアメリカ人など大嫌いだろうけれど、アメリカ白人はチェ・ゲバラが大好きだ。急進的な政治観も小作農のための戦いもカッコイイし、彼が樹立したキューバ共産党政府は、分野によってかなりの成功を収めている。しかし、白人文化にチェがもたらした最大の功績は、Tシャツの絵柄としてカッコイイということだ。

チェ・ゲバラTシャツを着用すると、①スタイリッシュ（Tシャツは白人好み）、②政治的に左寄り（何と言ってもチェは共産党員）、③赤が似合う（彼がモチーフのTシャツは決まってアカ）、という三点がもれなくアピールできる。スポーツコートやジーンズと組み合わせて着れば、さらにボーナスポイント獲得。資本企業と小作労働者という対比を表す究極のコンボだね。

チェTシャツの成功は誰の目にも明らかだけれど、問題がな

いわけではない。チェ・ゲバラは、アンドレ・ザ・ジャイアントがモデルの「オーベイ・ジャイアント」アイコンを作ったアーティストの手による架空のモチーフだと信じる無知な若者が多いのだ。

とはいえ、チェのハンサムぶりと早すぎる死は、いつかベレー帽をキメてみたいアッパーミドルクラス（中流階級上層部）の英雄となるには十分。

チェTシャツを来た白人との遭遇に際しては、次の事実を理解している必要がある。アメリカ白人はライター、アーティスト、写真家、映画制作者、政治家、建築家といった仕事に就けるんだったら、共産革命もいとわない。自分が肉体労働をしないで済む限り、喜んでチェのユートピア思想を掲げようではないか！

この簡単なルールさえ理解すれば、白人の心はキミのもの。労働者が団結するメーデーには、チェTシャツをプレゼントしてもらえるかもしれないよ。

62 外国のニュースソース

Non-American News Sources

ステキな白人はニュースを話題におしゃべりするのが大好き。時事問題について自分の知識を見せびらかすのに、これ以上の方法はない。白人と長時間を過ごす予定があるのなら、ある程度時事問題について勉強し、見解を用意しておくべきだ。論拠を展開するにあたって、信頼できるニュースソースが必要なのは言うまでもない。

各ニュースソースには厳しい序列があり、どれを利用するかで尊敬と軽蔑の分かれ道となる。広く認められているのが海外のニュースソースで、中でも頂点に立つのが英国放送協会（BBC）。①海外発である、②アメリカでも公共放送サービス（PBS）で見られる、③国際ニュースに特化している、というのがその理由だ。「BBCでスマトラを扱っていたんだけど」と誰かが言い出したら、打ち負かすのは不可能。しかしそんな時でも、自分の尊敬と地位を死守するための必殺技がある。

それは、直接外国語で見た外国のニュースを引き合いに出すことだ。「ああ、BBCでやっていたあの話はよかったね。でも本当に開眼させられるのはTV5／RTL／RAI／NHKのニュースだよ。毎月一五ドル余計に払って見る価値があるね。アメリカにいながら、フランス語／ドイツ語／イタリア語／日本語をなまらせないための刺激になるし」

相手は「テレビはあまり見ないから何とも言えない」などと言うかもしれないけれど、面目を保つための悪あがきというところ。

最後に、アメリカのニュースソース引用はお勧めできないものの、どうしてもという場合はCNNとMSNBCならかまわない。ABC、NBC、CBSといったメジャーなネットワークは、可もなく不可もなし。ただし、ローカルニュースを話題に出すと知性が疑われるのでやめた方がいい。何より大事なのは、保守・共和寄りとされるFOXニュースのことはおくびにも出さないこと。尊敬も信用も激しく失い、あげくよその街へ引っ越さねばならなくなる。

ステキな白人に対しては、「業者に頼んでFOXニュースは見られないようにしてもらった。作業は高かったけどその価値アリだもの」と言っておくのが得策だ。

63 ACLU

The ACLU

白人というのは素晴らしく自立心が強いのだけれど、権利や自由を守るために頼りにしている団体もある。グリーンピース、反戦団体ムーブオン・ドット・オーグ（MoveOn・org）、デジタル社会での言論の自由を守る電子フロンティア財団（Electronic Frontier Foundation、EFF）、そして最も大事なアメリカ自由人権協会（American Civil Liberties Union、ACLU）だ。

特に、ACLUの人気は、数ある白人の好きなモノの中でもダントツだ。弁護士、親と違う宗教、高級サンドイッチと、白人の好きなものが複数かかわっているんだから。ACLUの活動には例えば、お抱え弁護士を使って公の場から宗教（たいて

いは一番メジャーなキリスト教）色の強いものを除去することがある。高級サンドイッチについては確認が取れていないけれど、弁護士の好物であることにほぼ間違いない。

ＡＣＬＵが公に掲げる目標は、「米国憲法と法律が国内全ての人に保証する個人の権利と自由を保護し、維持すること」ということになっている。しかし近年の活動ぶりを見ると、どうやら最優先事項は「白人が気に食わないものを見なくて済むよう白人を保護すること」らしい。この「白人が気に食わないもの」のトップは、十戒を刻んだ碑やキリスト誕生を描いた絵画、聖書がらみの像といったキリスト教関係アイテム。キリスト教が嫌いなんだと思う人もいるかもしれないけれど、ちょっと違う。ステキな白人は、単にキリスト教に関する工芸物のセンスが嫌いなのだ。ヒンズー教や仏教がらみの家具やアートの方がずっとイイし、キリスト教ってなんだかヤボでビンボーな白人のイメージ。

ＡＣＬＵはまた、白人が好きな部分の米国権利章典を守る活動も行っている。白人が好きな部分とは「武器を所有する権利」の保証条項以外すべてだ。

★警告★ＡＣＬＵについて白人と話をする時は、以上のような矛盾を指摘してはいけないよ。キミが体験したことのないレベルの怒りっぷりを見せつけられる羽目になるからね。

64 プラトニックな友情

Platonic Friendships

ディナー、映画鑑賞、バーで飲酒と行動を共にする男女を見たら、カップルだろうと思うのが普通だ。でもこれが白人の場合、決めつけるのはちょっと早い。「プラトニックな友情」を育むことが多い種族だからだ。このプラトニックな関係は、女子に気がある男子と、話し相手や運転手を求める女子から成り立っている。

男子側はベッドインというゴールに向かって日々「進歩」を信じ続けるため、しばらくはハッピーだ。女子側はもちろん、一緒にいてくれて引っ越しも手伝ってくれて、意中の人とうまくいかなかった場合には「補欠」にも使える男子を手中にできるので文句はない。この男女の役割は逆転しているケースもあるにはあるけれど、非常に珍しい。

プラトニックな関係においては男女とも、二人がカップルになるわけがないというふりをせねばならない。そうすれば男は報われぬ純愛について語れるし、女は男に言い寄るスキも与えなくて済む。

しかしこうした友情は必ず、次の三つのいずれかの結末を迎える。一つ目は、男子が女子とデートするという目的を達成する最も幸せなケース。酔った勢いで押し倒しちゃったとか、男がもっと繊細な場合は手紙や詩で愛を告白するとかいう流れがほとんどだ。女子が交際に応じた後は、ごくフツーの関係が始まる。

この逆がもちろん、女子が男子を拒否するケース。実に気まずい雰囲気が生まれ、男子は「気にしなくていいよ」と言いつつ、女子から離れて行く。そして別の対象を見つけ次第、また同じことを繰り返す。こうやって多くの友達をなくしたとぼやく白人女性は非常に多い。そしてたいてい、「ちょっと複雑なの」とか「長い話なんだけど」とか切り出す。いずれにせよ、心の中では「もっと突っ込んで～」と叫んでいるのだ。

最後に、おそらく一番ありがちなのが、女子側が別の男とつきあい始めて友情が頓挫するケース。ここに来て、自分の目標を成就すべく熱愛を吐露する男もいる。が、彼女のために喜んでいるふりをしつつ、次第にフェードアウトしていくのが一般的だ。

白人と個人的な話をする機会があったら、「一五～二〇歳のころ（プラトニック最盛期）、友達だった女の子／男の子がいたんだけど、本当は大好きだった。楽しく過ごしていたと思ったら、彼女／彼はすごく感じの悪い他の人と付き合い出して、でも最後には浮気されてた」という話をでっちあげるといい。そして「見た目より性格のいい人が一番なのに」という教訓で締めくくる。とはいえ、最後まで話をさせてもらえる可能性はほとんどない。相手が間違いなく途中で割り込んで自分バージョンを話し始めるからだ。しかし友情を確たるものにするには、黙って相手の話にうなずいてやることが肝心だね。

65 チベット

Tibet

理想を追う白人の歴史において、「チベット独立」ほど大きなトピックはない。セレブの支援、コンサート、Tシャツ、バンパー・ステッカー、仏教、単純明快な解決法と、白人好みな要素が満載だからだ。中でも、シンプルに解決できるという要素は特に重要。ヤヤコシイ歴史背景を知らなくたって、「中国出てけ」と叫ぶのは誰にでもできる。世界の飢饉、貧困、環境など、多くの社会問題は非常に複雑な解決法を必要とするものだけれど、ことチベットに関しては解決法が明快そうで、深く考えずに支援もしやすいというものだ。

試しに、どうしてそんなにチベットが好きなのか白人に聞いてごらん。「チベット人は質素な暮らしを営み、仏教を信じ、日々悟りを開いているから」という答が返ってくるはずだから。人々には物欲がなく、一説によると、中国の公害を吸い取って西洋向けの啓発本に変換するとさえ言われる素晴らしい国

なのだ。

白人は、チベット国民は皆、武術に通じたカッコイイ僧侶だと信じている。これは、自転車工とインディー・ロック・ミュージシャンの次に白人が尊敬する職業だ。

以上のような理由により、白人のチベット支援は揺るぎがない。チベット解放を支援しない白人に出会うことは科学的に不可能だ。これはつまり、必ず白人から好意的に迎えられる話題としてチベットは使えるということ。白人と話をしていて政治ネタが持ち上がり、居心地が悪いなあと思ったら、直ちに「チベットで起きている悲劇、信じられる？」と言えばいい。一発で解決だ。

また、圧倒的に白人が多い環境で働いているなら、マイカーに「チベット解放」と書かれたバンパー・ステッカーを貼ることをお勧めする。昇進につながるってわけでもないけれど、絶対に損はないよ。

66 任天堂 Wii

Nintendo Wii

白人社会でビデオゲームが果たす役割は非常に興味深い。多くの白人男性は Xbox 360 やプレイステーション3といったプラットフォームを使い、ファイナル・ファンタジー、グランド・セフト・オート、ヘイロー、ギアーズ・オブ・ウォー、ロックバンドといったゲームで遊んでいる。「マッデンやりまくり」と言うヤボな白人も少なくないけれど、全体的に見ると、ビデオゲームに対する白人の好みは非常に偏っている。

過半数は子供時代、元祖ニンテンドー（ファミコン）を使い、スーパー・マリオ・ブラザーズで遊んだ思い出を持つ。そしてそれが話題に出ると、決まって「最近のゲームは複雑すぎて遊ぶ気がしないね。Wii 以外は」と言うのだ。

二〇〇六年に登場したこの任天堂 Wii は、白人のゲーム魂に再度火をつけた。Wii にはモーションコントロール機能が付いていて、プレーヤーに必要な技能といえば腕を振り回すことだけ。最高四人までプレイできるため、ボードゲームに代わってディナー・パーティに欠かせない小道具にもなった。白人はテレビの周りに集まり、何時間も Wii ボウリング、Wii テニス、またたまにマリオ・パーティで遊び続けることで有名だ。

しかし、Wii が白人文化に入り込んだ最大の理由は Mii である。Mii はゲーム中で使える小さなアバターだ。自分の髪型から眼鏡、タトゥー、ひげの伸び具合にまで人生を捧げてきた白人は、そのルックスを Wii 上で再現するというアイデアに惚れ込んだ。問題は、白人の Mii は皆似たような結果に陥ること。どれもこれも白い肌、眼鏡、ぼさぼさヘア（男）、ロングヘア（女）、前髪（女）、ハゲ（男）といった具合だ。

任天堂 Wii を持っていない白人は、人に買う意欲を表明するのが大好きだ。一方で既に持っている白人はあっという間に飽き、友達が来たときにしか使わなくなる。

Wii 持ちの白人を知っているなら、ゲームをプレゼントするのはやめた方がいい。それよりも押し掛けて Wii で一緒に遊んであげよう。彼らはかまってくれる人に飢えているんだから。

67 陰謀説
Conspiracies

白人と陰謀説の関係は興味深い。誰でも最低一つの陰謀説を信じているけれど、支持するモノによってはバカ扱いされるので要注意。一方で、白人好みの陰謀説を支持していれば、「世間が信じる事実をうのみにしない賢人」として一目置かれる。

白人に一番人気の陰謀説は、「アメリカ政府は多国籍企業と結託して貧しい国の資金や資源を吸い取っている」というもの。適切な出版物を引用してこれを裏付けられれば、賢人としての地位を揺るぎないものにできる。

その一方で九・一一同時多発テロ事件（「政府は事前に知っていた」）、宇宙人（「地球に来ている」）、ユダヤ人銀行家（「世界の金を操っている」）、月面着陸（「デマだった」）にまつわる陰謀説は、通常白人から白い目で見られる。信じていることが分かったが最後、バカ者のレッテルを貼られることは間違いな

い。どんなに信憑性を力説しても効き目はなく、信用回復は一生ありえないだろう。

68 対立の回避
Avoiding Confrontation

誰かに文句があるとき白人は、直接対決を要しない解決法を使いたがる。大概の人を嫌っているくせに、どうしたわけだか嫌われ返されるのは怖くて仕方がないのだ。

白人は人や状況に不満を感じると、その対象ではなく友達や親類縁者に文句を言う。関係者以外に愚痴をこぼすことで、問題が解決されるのを密かに夢見ているのだ。いつのまにか全てがうまくいくことを望みながら、当の相手には不満も怒りも表明せず、何年間も過ごせるのが白人という生き物だ。

この概念はやや複雑なので、例を挙げて説明しよう。白人が恐れる状況の一つに、とってもおしゃべりでフレンドリーな人のそばにいあわせるということがある。場所は職場かもしれないし、近所や飛行機の中ということもあるだろう。フレンドリーでおしゃべりな人というのはみんなに好かれそうなものだけれど、白人社会では事情が違う。既に知っている人としか話したがらず、それがかなわない場合は音楽を聴いたり、本を読んだり、寝ているフリをしたりするのが白人。興味がない人に愛想良くせねばならない状況というのは大変な苦痛なのだ。とはいえ本人に向かって黙れと言うのは失礼なので、会わずに済むよう自分の生活や活動内容を調整する。心の底では消え去ってほしいと願っていても、悲しいかな、その夢がかなうことはほとんどない。

このように問題を無視したがる白人だが、そうしていられない状況に追いつめられることもある。堪忍袋が切れる段階まで達すると、白人は怒りの対象に宛てて手紙かEメールを書く。メールは徹底的に練られ、何時間もかけて完成されたもの。対立が生じてしまったことへの謝罪の言葉が繰り返し登場するのも特徴だ。「文章にした方が考えがまとまって分かりやすく説明できるから」と白人は言うけれど、実際は直接話すより簡単なだけ。このメールが送信され、さらに返信されると癒しのプロセスが始まり、二人はまた友達になれるんだ。

以上の知識は、白人と対立してしまった時に役に立つよ。直接対決すれば相手はおじけづいて何でもキミの言うことを聞くかもしれないけれど、すぐさま友達に陰口を叩くことは間違いないね。結果としてキミは周囲全員を敵に回す羽目になる。白人にとって直接対決は、社会の安定を揺るがすもの。殴ったりすれば、「酔っていた」というのでもない限り、白人との関係回復は難しい。

一番いいのは、友好関係へ向けた書状が白人から届くのを待つこと。待っても来ない、自分は限界という場合はさらに五日待ち、その上で自分からメールを送ってみよう。相手は、長年親しんできた方法で対立を解決しようとするキミを評価するはずだ。

69 二酸化炭素の帳消し

Carbon Offsets

白人というのは、することなすことエコ化したいと思っているのだけれど、現代生活ではそれがかなわないこともある。例えばインドのヨガリゾートを訪れようと思っても、飛行機に乗って移動する過程で大量の二酸化炭素を空中にまき散らさねばならない。もちろん一番の解決法は飛行機旅行をあきらめることなのだけれど、白人にそんな「アンフェア」なことは受け入れ不可能だ。そこで登場するのが「カーボン・オフセット」。一カ所で排出した二酸化炭素をよそで帳消しにするという、ステキな概念だ。

飛行機に乗ったりSUVを買ったりといった環境に悪いことをしても、植樹活動を行う『テラ・パス』のような会社に寄付をすれば帳消しになる。ちょうどカトリックの教会で、既に犯した罪を告白すれば許してもらえるような感じ。悪いことをしても、たくさんお金を払えばなかったことになるのだ。驚異的に効率的なシステムと言えよう。

このシステムのおかげで白人は、環境を破壊する悪人たちに囲まれながら、自分だけはエコだと安心できる。たとえ同じ飛行機に乗っていてもだ。

とはいえ自分のカーボン・オフセット収支を確認するのは難しい。これを利用して白人から利益を得よう。飛行機に乗るという白人に会ったら、カーボン・オフセット代は払っているかどうか聞いてみるといい。そして答がノーだったら、キミが設立したカーボン・オフセット会社を紹介するのだ。ここでの注意は、具体的にどうやって二酸化炭素を帳消しにするかはなるべくボカすこと。うまくいったら利益はトヨタ・プリウスの購入に充てればいい。

70 夢を追うこと
Following Their Dreams

実現する可能性があろうがなかろうが、夢追い人を応援する義務が白人にはある。これは白人に関する情報の中でも重要度ナンバーワンといえよう。

貯金や食料、住居、健康保険の心配をしなくていい白人にとって、最大の関心事は最大限自分を幸せにすること。幸せ探しに割かれる時間は膨大で、セラピー、ライターや俳優の養成講

座、脚本制作ソフトウェア、教育機関といった多くの関連産業が繁栄する下地となっている。

白人は幼い頃から、「夢を追うほど素晴らしいことはない」「夢追いを阻止する意見は聞くな」と言い聞かされて育つ。これらの教えは万有引力の法則と同様に揺るぎないものだ。

夢追いの最盛期は一八歳から二五歳のころ。大学卒業と同時に大多数が大都市へ移住し、俳優、ライター、写真家、アーティスト、ミュージシャン、DJ、映画監督やプロデューサーを目指す。

「ライターになるためブルックリンへ引っ越す」という新卒の白人に出会ったら、何があっても止めてはならない。こういう若い相手には、「そりゃ今試してみないとね。年を取ったら失敗しそうな賭けはできないから。でもキミはきっと成功するよ」などと言うのが一番だ。こうしておけば、ニューヨーク旅行の際はタダで泊めてもらえるというもの。

相手やその親のことを心配する必要はない。夢を追って失敗しても、後で親からたくさん借金をしてロースクールに入ればいいんだから。学位と親の種類にもよるけれど、大体五年もあれば同世代の現実派たちに追いつける。この歳の人間に夢追いをけしかけたところで、さしたる無責任には当たらない。

本当の危険が潜んでいるのは、大学を卒業してすぐに夢を追わない白人だ。こういうタイプは、年を取り始め仕事に飽きてきた頃になって、昔の夢を思い出す。ここで、「オイ、もう四〇じゃないか。今から英語の博士号なんてよせよ。教授になって終身ポジションがもらえるころには六〇だぜ」と諭すのが友達だと思うかもしれないけれど、白人社会では不正解だ。

いかに無責任で自暴自棄に見える行動であろうと、相手の目標が「夢」である限り無条件で応援するのが白人の友。さもなくば、オーディション番組『アメリカン・アイドル』のサイモン・コーウェルのような憎まれ役になってしまう。希望を打ち砕く辛口審査員というわけだ。

一番いいのは、相手の成功を当然視したジョークを言うこと。「映画制作に入ったらエキストラに使ってよ」とか「最初にサインをもらうのは私だからね」なんて最高。じゃんじゃん、心にもないことを言おう。

71 現金を持ち歩かないこと

Not Having Cash

金に困っているわけでもないのに、白人は現金を持ち歩かない。試しに最寄りの白人に、いくら現金を持っているか聞いてみるといい。三五歳以下なら間違いなく答は「一〇ドル以下」だろう。

白人にとって現金は問題の種なのだ。まず、事故や盗難でなくすのが怖い。クレジットカードだったら、盗まれても業者に一本電話すれば安心して眠れるというものだけれど、現金ではそうはいかない。

もう一つの理由は、クレジットカードのポイント集めに余念がないということだ。白人にちょっと尋ねれば、飛行機のマイレージからアマゾンのポイント、キャッシュバックまで、自分のクレジットカードが誇る魅力のサービスを列挙するはず。現金を使ってポイント集めのチャンスを逃すなんて、白人にはと

ても耐えられないことだ。財布に一セント玉が貯まるのも嫌だしね。

　集団行動を取っている時も現金はやっかいだ。バーやレストランを多用する白人は、グループ内で完璧に割り勘できるシステムを必要とする。みんながみんな「おつりが欲しいんだけど」とバラバラ二〇ドル札を出すようでは不便なのだ。

　しかし、白人がほとんど現金を持たない本当の理由は、忙しいスケジュールのせいだ。自宅↓職場↓サンドイッチ屋↓職場↓ホールフーズ↓自宅↓寝床という激忙生活のどこにＡＴＭに寄る時間があるだろうか。

　この知識が役立つのは、現金しか受け付けないエスニック・レストランに白人を連れて行く時だね。相手はまず現金を持ち歩いていないから、短期ローンの貸し付けをしたいのでない限り、「現金オンリーだからね」と釘を刺してから出かけよう。

72 外国の子供を養子に取ること

Adopting Foreign Children

純血種より保健所の野良犬をほしがるのと同様に、ヒトの子に関しても外国産の孤児を求める白人が増えている。最大の供給地はアフリカとアジア。外国の子を育てるという一大事業に憧れるカップルのお気に入りだ。

「悪い環境からこの子を救い出した」と親が自己満足に浸れる点において、外国産の子は国産の子より優れている。恩を感じて反抗しない忠実な子に育つだろうという安心感は、白人の子相手ではとうてい味わえない。

しかし、白人が外国の赤ん坊を熱望する最大の理由は、これが人生に他文化を取り入れる最後のチャンスであると認識しているからだ。結婚相手に白人を選んだ段階で、人種や文化の異なる相手と一緒になるチャンスはなくなった。これはつまり、新しい言語、料理、服飾文化を学ぶチャンスに加え、「充電」のためにしょっちゅう外国を訪れる大義名分を棒に振ったということだ。それが外国の子を養子にすれば、挽回できるというわけ！

養子をアメリカの白人文化に同化させたり、実の親子だと偽ったりすることは眼中にない。それどころか、できるだけ出身地の伝統や独自文化を学ばせようと力を尽くすのが白人。新しい音楽、語学学校、料理教室と、楽しいことがいっぱいなんだから当然だ。さらに年一回は子供の祖国に旅行して、一家で深〜い愛着を育もう！

養父母たちはディナーパーティや公園、学校行事で、ベトナムやら中国やらシエラレオネやらの専門家として発言する権利を得る。どんなに頻繁に旅行しようが、子育てを通して得られる専門知識には勝てないんだから。留学組だってへのカッパだ。

キミの出身国から養子を取った白人カップルに遭遇したら、ハリケーンのような勢いで話を聞かされると覚悟した方がいい。この際のアドバイスは、「とても上手に祖国の文化を教えていますね」と褒めること。最大効果を狙うなら、「自分より

［国名］人らしい」とおだててやろう。彼らの友達リスト中、最上位に昇格することは間違いなし。

また、外国出身の子を養子に取った白人カップルに会ったら、もれなく子供の出身地について聞いてやることが重要だ。相手は長大かつ悲劇的な物語を聞かせるから、君は「でもこの子はこうしてここにいる。最後には必要なものが必要な人に行き渡るんだから、本当に世界ってよくできてますね」と締めくくってやろう。腎臓移植が必要になった場合は、このカップルが提供してくれるから安心だね。

73 高級ベビーカー

Expensive Strollers

生涯高級車を乗り回すための準備として、白人の子はヨーロッパ製の最高級ベビーカーに乗せて育てられる。これには、白人の親が求めるヨーロッパ製のラグジュリー・ハイブリッド車が市場に存在しないことが要因という説がある。本来なら車に充てたい資金を、入手できる中では一番値が張る「代替燃料車」に充てているというのだ。ベビーカーがなぜ「代替燃料車」なのかといえば、ガソリンではなく乳母を動力源としているからだ。

こうしたベビーカーが最低八〇〇ドルすることは常識。レベルの低いベビーカーに乗せられていた子は将来優秀クラスに入れないと言われているので、ここでケチるのは問題外だ。

高級ベビーカーを持つ白人の親に会ったら、現在の使用者が二人目（＝白人にとってたいてい最後の子）かどうか確かめよう。もしそうならいつ頃までそのベビーカーが必要か尋ね、そのころを狙って自分の子を産むといい。タダに勝るベビーカーはないからね。

74 屋外での飲食
Eating Outside

同じ活動でも屋外で行えばバリューアップ、というのが白人文化における法則だ。読書、仕事、哲学の授業などはその好例。しかし飲み食いほど、ロケーションを外に移すことによっ

て激しく喜びが増す作業はない。
ピクニックやバーベキューは白人文化の中核を成している。ことに複数のゲストを招いて行う場合は、屋外を舞台としたディナーパーティ（47参照）としての機能を果たす。食事の質はもちろん、ガーデン家具やテーマ付ドリンクのセンスといった、屋外ならではの基準で来客から点数を付けられるのだ。
とはいえ、白人が一番好きな屋外飲食の場はレストランのテラス席。もちろん一概に外で食べるといってもさまざまなシチュエーションがあり、それぞれの違いを理解しておく必要がある。まず、朝か昼なら人気はサイドウォーク・カフェ。外気を楽しみ、そんな自分を通行人に見せつけ、たとえ一瞬でもヨーロッパにいるフリをするのだ。そして一言、「フランスで行きつけにしてた店を思い出すなあ」などと言う。
夜になったらオープンエアのバーだ。白人は一晩中、どのバーが一番洒落たオープンエア・シーンを展開しているか物色して歩く。エイティーズ・ナイト以来、これほどホットな夜遊びは登場していないと言ってもいいくらい。

さて、白人は外にいるのが大好きなのだけれど、少しでも居心地の悪い思いをするのは耐えられない。カフェでの食事中は、同行の白人が適度な日陰をキープしているか随時確認しよう。途中で大きく太陽が動いた場合、白人は「もう行こう」と席を立ちかねないからだ。その際、「そんなに日陰が好きなら、『店内』っていう日陰だらけの場所があるんだけど」などと言わないこと。また日没後のテラス席には、鋼鉄の傘状のものがテラス席に登場して何だろうと思う人もいるかもしれないが、これはプロパン・ヒーターだ。これは室内にいるかのような温度調節を屋外で可能にするものでありながら、しかし室内ヒーターだったら要求される省エネ機能とは無縁の代物。繰り返しになるけれど、「どうしてそれはエコじゃなくてもいいの？」と聞いてはいけないよ。

75 本

Books

白人にとって本はオーガニック食品と同じくらい重要だ。つまり、なくては生きていけないモノ。しかし白人が求めているのは、読むという行為やそこから得る知識ではなく、本そのものなのだ。

試しに次のような実験をしてみよう。床から天井まで、壁一面が本棚になっているリビングルームの写真を白人に見せるわけ。きっと皆一様に、「こんな家に住めたらなあ」とか「うちもこういう風に改装するつもり」とかコメントするはずだよ。

これは、「読破した本は見せびらかさなければ」という欲求に起因する現象だ。壁に獲物の首を飾るハンターのごとく、白人は何百、何千という本を読破した実力を誇示せねばならない。だって、みんなが気づいてくれなきゃ読書の意味なんてないでしょ。有名な哲学問答にあるけれど、「森で木が倒れたとして、そこにその音を聞く人がいなければ、果たして音は存在すると言えるのか?」ってなものだね。

白人は自分の薬箱を覗き込んでほしくないのとは反対に、本棚は見てほしくてたまらない。自宅を訪れたら、何段にも重なる蔵書を眺めつつ「デヴィッド・フォスター・ウォレスの小説

を読むの？　難解なんでしょ」とか「こんなにジョイス好きとは知らなかった」とかコメントしよう。そして、恋愛にせよ友情にせよ関係を深めたいと思う相手なら、その中から一冊借りてやるのだ。

大体、人に貸す以外、これだけの蔵書を維持せねばならない理由などない。貸してと言われることで相手は、「いい作家を紹介できた」「先輩読書家として認められた」と自信を持てるのだ。

でも、人の家を訪れても本棚をじっくり観察する時間がないこともあるよね。この場合はどうやって相手の趣味を評価するのかというと、簡単だ。コーヒーテーブルの上を見ればいい。白人は高価な大型本を買って、人の目に触れるコーヒーテーブルに置いておくのが好きだ。この本がアート関連だったら、相手はロンドンの「テート・モダン」美術館訪問について聞いてもらいたがっている。写真関係だったら最近買ったカメラだ。アメフトか水着ギャルの本だったら、丁重に退出を申し出よう。

本好きだと分かったからには、白人には本を贈ればいいと思うかもしれない。が、それがそう簡単な話ではないんだ。本を贈って生まれる結果は何種類かあるものの、どれもあまり好ましくない。まず既に相手が持っている本をあげてしまうと、気まずくなる。相手が欲しくない本をあげてしまうと、未来永劫「趣味の悪い人」ということになってしまう。さらには相手がもともと欲しがっていて、しかも読んだことのない本をあげたとしても、「まだ自分が読んでいない本を持ってくるなんて負けた」と身構えさせる結果となる。とかく白人に本を贈るのは難しいんだ。

76 音楽祭

Music Festivals

テントに寝泊まりし、しかも美しい自然ではなく泥とうだるような熱さ、スピーカー、そして目を閉じて体を揺らす無数の白人に囲まれた三日間。多くの人はこれを「地獄」「逃げ場のない悪夢」「SFゾンビホラー」と表現するだろう。しかし白

人は「音楽祭」と呼び、ぜひ参加したいと大枚をはたくのだ。

旅行と大量のドラッグ摂取の言い訳にできることもあり、音楽祭は白人文化において大きな役割を担っている。白人から「音楽祭に行く」と告げられたら、もう少し詳しく話を聞いてみよう。きっと、何週間もかけて様々なドラッグを入手し、インターネットで最高のミックス法をリサーチした話が聞けるから。のみならず、「エクスタシー四錠、マッシュルームとマリファナ各一オンス、コカイン八回分、ペーパーアシッド一〇回分と、ドラッグ摂取後をラクにするドラッグ。これだけあれば足りるはず」などと、詳しい内訳まで教えてくれるはずだ。

こんなにドラッグが必要なのは、音楽祭まではるばる出かけても、結局ステージ脇の大スクリーンをみんなで見ているだけでヒマだから。そう、白人は他の白人と一緒に、巨大スピーカー付きの巨大テレビを見るため大金を払うのだ。

音楽祭について誰かと話をする前に、どの音楽祭に参加するかでその白人のタイプが分かることを覚えておこう。タイプAはグラストンベリーやロスキレに定期参加するヨーロッパ音楽ファンで、たいていエレクトロニカ派だ。音楽祭にはエクスタシーを持ってくる。タイプBは即興演奏が得意なジャム・バンド好きで、顔にはヒゲ、足にはサンダルというグループ。サイケデリック・マッシュルームやLSDのようなヒッピー・ドラッグを持参する。コチェラ音楽祭がお好みのタイプCはインディー・ロックに情熱を注ぎ、抗うつ剤とボトル入り飲料水を持ってくる。

タイプAとCは混同してもかまわないけれど、タイプBをAやCと混同することは絶対にいけない。全員を怒らせることになるからね。

いずれにせよ、どの音楽祭に誘われても断ること。

77 眼鏡 Glasses

Wii で Mii アバターを作成するごとく、加齢に伴って白人は独自の「ルックス」を確立しようとする。たいがい似たりよったりの外見なので、何とか突出しようと必死なのだ。中にはややこしいヒゲや奇抜な髪型を試す者もいるけれど、トレードマークとして長期間保たねばならないことを思うと、NPOや映画祭事務所のような夢の職場への応募にひびく恐れがある。そこで登場するのが、手軽に個性を表現できる「眼鏡選び」だ。

眼鏡をかけてない白人も周りにいるって？　その場合は、思い浮かべている人物が「間違った種類の白人」ではないか再確認してみよう。もしくは単にコンタクト・デーだったのかもしれない。眼鏡好きの白人も、たまにはコンタクトをしていいことになっているのだ。

眼鏡選びに成功すると、自分は、①読書家である（＝夜図書館にいすぎたから視力が落ちた）、②音楽の趣味がいい、③オタクと思われようが気にしない、という力強いメッセージを世界に発信できる。だからこそ、珍しくて個性的な眼鏡の獲得が必須なのだ。しかも、フレームは必ず太く、黒か茶色のプラスチック製でなければ。これはいやでも眼鏡をかけていることが目に付くため、「知的な人間」として認知されるからだ。かけ手の顔にとけ込んでしまうような目立たない眼鏡は、弱く格下

と見なされる。

　こういった条件に当てはまる個性的な逸品はそう簡単に見つからないので、「どこで買ったの？」という質問は避けた方がいい。白人は、他人が同じものを身につける事態を異常に恐れている。これがどんなに大ごとかを言葉で表現するのは難しい。魂を抜き取られると信じて写真撮影を恐れた未開の民だかの話をご存じだろうか。自分と同じ眼鏡を他人が入手して着用してしまうというのも、白人にとっては似たような恐怖なのだ。

　白人に対して当たり障りのない褒め言葉を探しているなら、「いい眼鏡だね」はお勧めだ。確実に相手を気分よくするし、なおかつ、気があるとまでは思わせない、実に便利な言葉なんだ。

78 フローリング

Hardwood Floors

白人が夢のマイホームを思い描くとき、そこには必ずフローリングの床がある。白人はカーペット張りの床が大嫌いで、土の上に住む方がましだと思っている。泥はつくかもしれないけれど、ばい菌はむしろ少ないだろうと考えるわけ。

ばい菌を死ぬほど恐れる白人は、カーペットを見ると繊維上にこぼされて巻き込まれてボロボロと散らばった物体以外、目に入らない。しかしカーペットを忌み嫌うのにはそれ以上の理由がある。それは、軽蔑する郊外の家やモーテル、そしてこれまで訪れたり住んだりせざるを得なかったおぞましいアパートを思い出してしまうからなんだ。カーペットには「魂」というものがない。あるのはばい菌だけ。

一方、フローリングの床は掃除がしやすいだけでなく、たいていは古い家が建てられた当時の床なので、味わいがある。「小汚いカーペット付きの家やアパートを買ったが、ある日カーペットをぺろっとめくってみたら下に美しい板張りの床が眠っていた」というのが全白人の夢なんだ。だから白人にはその手の体験談を聞かせてやって、「いつの日か自分もボロ家を買ってモダンな邸宅に変身させることができる」という希望を与えよう。

ちなみに白人は、部屋一面のカーペットを忌み嫌うにもかかわらず、部分的に敷く絨緞は大好きなんだよ。

79 ベーカリー
Bakeries

夜、人気のないところを運転していて、それが白人の地域かどうか確かめたい時は、小じゃれたベーカリーを探すのが手っ取り早い。白人化が進んでいて子供にも安全な地域であることを示す印だから。まず一戸建ては高くて手が出ない地域でもあるけれど。

白人地域特有のベーカリーは最高級のオーガニック素材だけを使い、グルテンや乳製品を使わない「ヘルシーアイテム」も取り揃えている。白人がプライドとカップケーキを手に入れられるところなのだ。

近所のベーカリーで買ったデザートを携えて白人がディナーパーティに現れたとしよう。その手に載っているのは単なる食べ物ではなく、高級住宅地にリフォームしたばかりのマイホームを構える優越感だ。これだけ気の利いたものが近所で買える、という生活環境をアピールしているのだ。「オーガニックなの、正統派なの、おいしいの。これが私の世界なのよ。アラあなたのクッキーは量販店コストコの?」

ベーカリーは希望の源でもある。多くの白人は、一日中オフィスに拘束される宮仕えを捨て、自宅から徒歩で通える小さなベーカリーを開きたいと思っている。地域のみんなに適切な栄養を与えて、児童の肥満を撲滅。店内にはステキな音楽。そして近隣の地価上昇に一役買う……というふうに夢は広がる。

白人はだいたい「お買い物はご近所で」を重視するけれど、目新しい美食のためなら遠出することだってある。地域のグルメ番として認められるには、どこで街一番のフレンチバゲット

やマカロン、カップケーキを入手できるかという知識が不可欠だ。ただし、もはや最先端と見なされていないベーカリーについて得意げに教えようなんてすると、数カ月から一年間はあざけりの対象となるので要注意。「アイルランド出身の素晴らしい新人バンドでU2っていうのを見つけたんだぜ」と自慢するのと同じようなものだからね。

80 近代美術館
Modern Art Museums

白人の旅行は大半が自分探しで、残りは慈善事業への参加といった目的を果たすためだ。とはいえ、たまにはレジャー目的の旅をすることだってある。その場合必須なのは、近代美術館への訪問だ。

MoMA（ニューヨーク近代美術館）やテート・モダンの観覧ほど、ニューヨーク旅行やロンドン旅行のもっともらしい理由はない。一週間のイギリス旅行中、六日間はホテルでテレビを見ていただけだとしても、一日をテート・モダンで過ごせば

文化的な旅として認められるのだ。

　では、近代専門ではない、普通のアートギャラリーや美術館はどうなのかって？　子連れでない限りこういう場所は、間違った種類の白人が訪れる観光スポットということになっている。「パリに行ってモナリザを見た」というのは、「マクドナルドでチーズバーガーを食べた」というのと同程度の尊敬しか得られない発言だ。こういう美術館が所蔵しているのは、ほとんどがキリスト教をモチーフとした彫刻や金ピカの額縁に入った絵画で、デザイナー家具とは並べられない代物だ。お察しの通り、白人が近代美術を好むのは、単に自分のモダン家具とマッチするからなのだ。

　白人は、大家の作品を買えるほどの資産家にはなれないとしても、せめて将来ビッグになる芸術家の作品を購入したいと願っている。これはインディー音楽に関する志向と同じだ。しかし異なるのは、芸術家の場合は発掘に成功すると、尊敬だけでなく収入も得られるということだ。尊敬と収入は、白人が愛するもののナンバーワンだ（その証拠は39参照）。

しかし将来性のある芸術作品を買う練習をしようにも、若者には金銭的に難しい。そこで残される唯一の選択肢がギフトショップだ。近代美術館のギフトショップにいる白人の興奮ぶりは、お菓子屋にいる子供の比ではない。むしろ警察の証拠保管室に入り込んだヤク中に近いと言っていい。

ギフトショップにはポスター、アート用品、Tシャツ、本、ポストカード、小物など、趣味の良さと美術館訪問の証となるモノがあふれている。近代美術館のある街に行ったら、そこのショップで白人に何か買ってあげよう。あのイケアでだって、これほど白人を大喜びさせられる買い物はできないよ。

81 チーズ

Cheese

ディナーパーティ、ギャラリーのオープニング、大統領選候補者のディベート観覧パーティなどは、白人が得意とするイベントだ。こういう場で白人が喜ぶワインにチーズを組み合わせて出せば、もう無敵とされている。しかしこのチーズも、白人が好きなモノの例に漏れず、産地や出し方に関して広く深い知識が求められるので心得ておこう。

白人社会におけるチーズの用途は無限だ。高級サンドイッチ、代表的なオードブル、またサラダに欠かせないトッピングと幅広い分野で活躍している。チーズに詳しいところを見せれば、白人社会での地位はたちまちアップするよ。しかし「間違った種類のチーズ」について勉強してしまうと、同じくらいたちまち「間違った種類の人間」というレッテルを貼られてしまうので要注意だ。

まず、既にスライスされているものや大手乳製品メーカーの製品はボツ。また、アメリカのチーズについて詳しいのも好ましくない。

インディー音楽と同様に、チーズに関しては誰も聞いたことのない品のセレクトが評価につながる。定番チーズの代わりにマイナーな品を使うのもお勧めだ。例えば白人が、「ニョッキには削りたてのパルメザンチーズが一番」と言ったとしよう。その場合は、「どんなにいいパルメザンでもペコリーノには及

ばないと思うな。パルメザンではあの風味が出ない」と返すのだ。この手法は、グリルチーズサンドイッチに関する会話でも効果的だよ。

チーズに捧げられる最高の賛辞は、「風味豊か」「シャープ」「リッチ」だ。「スモーキー」は良くも悪くも取られるので、避けるのが無難だろう。

白人を招くイベントを企画している場合は、グルメ食品店のチーズ専門売り場（絶対あるから）に行くといい。そして販売員に、チーズ盛り合わせの例をアドバイスしてもらおう。そこで得た知識をすべてメモしておき、パーティで披露すれば来客者たちはウットリだ。白人にとって、新しいチーズを紹介されることは、将来の伴侶を紹介されるようなビッグな体験だからね。いつか飽きちゃうその日まで、ずっと忘れないはずさ。

82 セラピー

Therapy

セラピー自体の説明に入る前に、白人の性質についてポイントを抑えておくことにしよう。

まず白人は、すべての成功は自らの努力と天性の才能によって勝ち得たものだと思っている。いくつか質問して誘導しないと認めないかもしれないけれど、一人残らずこう考えているのは間違いない。そして認めた後は、大学入学のための高校での努力、企業インターンシップを勝ち得るための大学での努力、今の仕事をキープするための数年にわたる努力について語るはずだ。誰のコネもカネも使わずに自分の力で道を切り開いてきたんだ、とね。

一方で、失敗はすべて親のせいということになっている。この失敗を成功に変換すべく白人が利用するのが、「セラピー」という巨大産業なのだ。

セラピーを行う「セラピスト」は、守秘契約のもと悩みに耳を傾ける人物だ。そんな友達がいたらいいのだけれど、いない白人が多いから生まれた職業だと言える。問題の程度にもよって、セッション（面会）は週一〜五回が普通だ。

　セラピストは質問を投げかけることによって、人間関係や仕事に関して白人が抱えている問題を吐き出させる。白人は制限時間が来ると料金を支払い、日々の暮らしへ戻っていく。

　セラピー通いは恥だから、そのことについて質問するのはタブーだと思う人もいるかもしれない。しかし、セラピーに通わない白人なんていないのだ。通っていない白人だって、「まだ」と言うだけのこと。白人にとっては至極普通の活動であり、親によって与えられたダメージの治療について語りたがらない者はいない。

　ただし、セラピーでの相談内容は尋ねない方がいいね。その理由は、個人的な話を聞いては失礼だからなのではなく、セラピストの代わりにただで「導いてくれる東洋の知恵者」とキミが狙われる羽目になりかねないからだよ。

83 バスではない公共の交通機関

Public Transportation That Is Not a Bus

ニューヨークの素晴らしさについて語るとき、白人は必ずと言っていいほど地下鉄に触れる。車なしでホテルから友達のアパートまで行けたとか、車を運転しなくて済むニューヨーカーがうらやましいとか、えんえんと話すのだ。

白人はみんな、公共の交通機関整備に大賛成だ。シカゴやポートランドといった都市が路面電車やトラムによっていかに活性化されているかについて、嬉々として語る。そして、自家用車不要の生活がどんなにエネルギーや経費を節約するかとか、いつの日か車なしで暮らせる街に移住したいものだとか続けるのだ。

こう聞いて、「この街にもたくさんバスが走っているけど、乗ってる白人を見たことがない」と思う向きもあるだろう。白人にとってバスとは、停車しては浮浪者を拾う巨大なミニバンに過ぎない。しかし、このことを白人に問いただしてはいけな

いよ。思っていたほど公共の交通機関を愛していない自分に気づいて、しょんぼりしちゃうからね。

白人と話をしていて公共の交通機関が話題になったら、「自宅から職場までドアツードアで地下鉄が走らない限り、彼らにとって公共の交通機関は使える選択肢ではないのだ」と肝に銘じよう。ニューヨークやヨーロッパの住人だけに許された贅沢なんだから、オペラみたいにね。

84 自己陶酔
Self-Importance

この本が扱う全トピックに共通するのが自己陶酔。信じられないことだけれど、この五〇年というもの、白人は芸術、慈善事業、NPOとNGO、出産などに従事することにより、この自己陶酔を上手に隠してきた。

あらゆる白人は、自分の人生は回顧録に値すると思っている。中流階級に生を受け、大学時代にいくらか困難に直面し、一年休学してアジアで英語を教える、海外青年協力隊に参加、

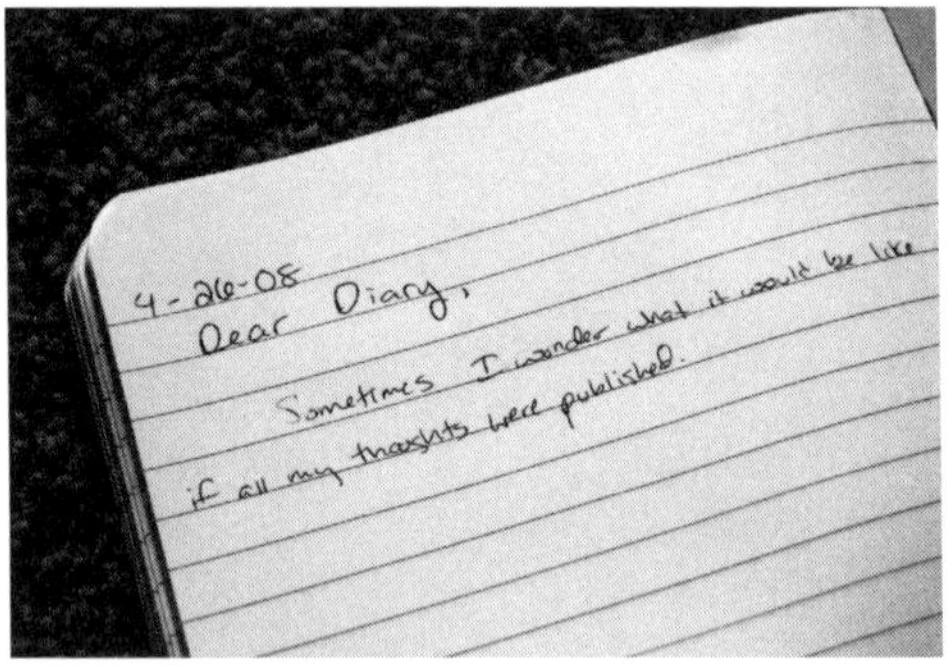

難関大学卒業生として貧困地区の学校でボランティアする……。なんて数奇な人生だろう。しかし残念ながら出版業界が処理できる書籍数には限りがあるため、白人は他の媒体に目を付けた。ブログだ。

世界に体験を伝えたいという白人の欲求は不滅であり、無数のブログが立ち上げられた。その内容といえばテレビ番組の感想、コーヒーショップで目にしたこと、将来の不安など、これまで日記に付けてきたものをデジタル版にしただけのもの。まあ簡単に予想できたことではある。

しかし予想できなかったのは、一週間以上に及ぶ体験の一部始終を白人がブログ形式でつづり始めたことだ。妊娠、アジアや南アメリカへの旅、家のリフォーム、子育て、車の改造などがすべてブログのネタになる。鋭い観察眼を持った才能あふれるライターが、こうして日の目を見るというわけだ。

白人からブログのアドレスを渡されたら、「すぐ読んでほしいの？」なんて言わないことだね。とりあえず「ぜひ読みたい」と伝え、適当に一エントリーを選んでその真ん中あたりだけ読もう。そして「○○［エントリー名］を読んだんだけど、すごくよかった。友達みんなに転送しちゃったよ」とか言えばいい。こうすることで、相手の人生は重要であり、そのプレゼンは閲覧に時間を割く価値があるというメッセージを送ることができるからね。だからといって大した利益が得られるわけでもなく、相手の自己陶酔度が一瞬レベルアップするくらいなのが残念だけど。

85 フルーツ狩り

Picking their own Fruit

白人が過去を好むことは既に分かったかな。ヴィンテージファッション、歴史学部、復古調スタイルなどの人気を見ただけでも、過ぎ去りし日に対する白人の愛が分かるというものだ。したがって農作業についても白人は、土地を手入れし、家族のために健康的な食べ物をつくるという牧歌的かつポジティブな印象を抱いている。もちろんこれは白人がこれまでずっと、農業生産において労働者を使う側にいたからこそ。

都市部への移住が進むに従い、白人は土とのつながりを失った。それが近年、最もススんだ白人たちは定職を捨て、「職人系の酪農場」や「零細赤チコリ農場」なぞを営むために田舎へと移り住んでいる。

しかし、全ての白人に仕事を辞めて正しき食への情熱を追及する能力や貯金があるわけではない。で、フルーツ狩りで手を打たねばならない者が出てくるというわけ。

作物の収穫を体験したことのある人は少なくないだろうが、その究極形はもちろん「小作移民」や「奴隷」だ。こうした状況での果物収穫における期待値は高く、たいそう熱心に働くことが要求される。

しかし果物の収穫者が白人の場合は、同じ作業が「ベリー狩り」とか「自分でフルーツピック」とかいう名前で呼ばれ、あくまで楽しむこと以外は期待されない。その代わり、この特権に対する料金が課される。言い変えると、フルーツ狩りは農業界における一般教養系私立大学のようなもの。実は大したことはしていないのに、何かを達成したような気分が味わえるんだ

から、白人が好んで当然でしょ。

この情報から利益を得る一番簡単な方法はもちろん、フルーツ狩り農園を開くことだ。でもそれではまだ甘い。肉体を使うにあたり、薄い内容に対して大枚をはたきたがる白人の性質を思い出してほしい。現在重労働を要求される職についている人は、「大人の託児所」的な場所づくりを検討してみよう。はた織りや建設作業を習えるクラスなんて聞けば、白人は飛びつくはずだから。

★注意★実際に体を使った作業が上手な白人に出会ったら、それは何かのパフォーマンスアーティストか、関連本を書いている作家か、改築番組の司会だと思ったほうがいい。

86 ワールドカップ
The World Cup

四年に一度世界は集い、ワールドカップの開催を祝う。白人も世界の一部であるからして、この興奮と無縁ではない。

しかしともに長丁場の観戦を始める前に、なぜ白人がワール

ドカップに興奮を覚えるのか、きちんと理解しておく必要がある。君は世界が愛するスポーツの祭典に純粋にシビレているかもしれないが、白人がワールドカップを好むのは数週間ヨーロッパ人のフリができるからだ。さらに重要なことに、通常では考えられない時間に酔っ払う口実にもなる。

ワールドカップについて語る白人はほぼ全員、試合中に何が起きたかを覚えていない。でもスペイン対パラグアイ戦中、いかにサングリアでベロベロになったかはほぼ完璧に思い出せるんだな。

ここまで読んでスルドい読者は気づいただろうが、白人がワールドカップを愛するのは、参戦国に適した酒を飲めるせいでもある。

「イギリス対アルゼンチン？　そりゃーニューカッスル（ビールの銘柄）を飲まなくちゃ。その次はなんだろ、やっぱりワインかな？」

こんな提案はハイタッチで歓迎され、続くトレーダー・ジョーズ（シャレた商品が手ごろな価格で買える食料品スーパーチェーン）への買出し、サッカージャージ購入という一連の行動で完結する。ちなみにジャージが着用されるのは十年で二回ってとこ。

さらに特筆に価するのは、ワールドカップに対する白人女性の関心だ。一般的にプロスポーツに興味を示さない彼女らだが、ワールドカップとなると大変好意的。理由にはライトビールを飲まずに済むことと、高い確率でヨーロッパ人、それがかなわずともヨーロッパ旅行の計画がある男性との出会いが期待できるということがあるだろう。これはたとえば、出会えてせいぜいカナダ人というアイスホッケーの試合にはるかに勝る。白人女性にとって、ワールドカップ開催は待ちきれないイベントなんだ。

ワールドカップの試合をテーマにしたパーティを開けば白人から好かれるけれど、それだけでは大したトクにならない。ワールドカップ開催中、最大の収益があがるのはなんといっても白人とのトトカルチョ。白人には可処分所得が多いばかりでなく、次のように賭けのパターンが決まりきっているからだ。

＊イギリスはグー
＊ブラジルはグー
＊イタリアもグー
＊万年負け組のアフリカチームは賭ける価値アリ

大事なのは、大スターを除いてプレーヤーについて具体的な話をしないこと。ほとんどの白人が持つサッカーの知識といえば、イギリスのゴシップ誌と Wii でプレイできるＦＩＦＡゲームから寄せ集めたものなんだから。

もし実際にサッカーのことを良く知っている白人に出会ったら、それはたいていヨーロッパ人だ。でもガンバリすぎのアメリカ白人という場合は、要注意。

「フットボール（ヨーロッパ流に）」について語り合える相手を待ち望んでいたこういう白人は、絶対君を離してくれなくなる。一年中観戦シーズンが続くサッカーにおいて、これは非常に危険な事態だよ。（41参照）

87 TEDカンファレンス

The TED Conference

白人が確実に好むのは、多大な努力や時間なしに賢い気分にさせてくれるモノ。でも要注意なのは、明らさまな近道は嫌いということだ。白人は手軽に賢くなれるシナリオは大好きだが、怠け者だと思われるのはイヤ。矛盾してるようだけど、それが分かればなぜ白人学生がいつも泥縄式なわりに、クリフノート（メジャーな教科書ガイド）にしか頼らないのか合点がいくというもの。そのクリフノートでさえ、読みたくない本のあらすじを知るためアンチョコ的に使うのはよろしくないことだと思っている。ウィキペディアもこれは同じ。

たくさん努力せずに賢い気分になれることというのは、まあそう簡単に見つからない。よって長い間白人が頼りにしてきたのは、ドキュメンタリー映画とか公共ラジオ放送とかくらい。ところがこの十年で、新しい便利アイテムが仲間入りした。TEDトークだ。

世界でもトップレベルの秀才が知識や知恵を披露するＴＥＤカンファレンスだが、参加できるのは招待客のみ。しかしここでの講演はインターネットやポッドキャストでアップロードされ、白人が勤務中や通勤中に視聴できるようになっている。これがＴＥＤトークだ。

これらの講演会は大学の講義に似ているが、タダだしより短い。そして聴いている白人が二日酔いでなく、またフリではなくて実際に聴いているところが異なる。

ＴＥＤの講演者は幅広い聴衆を意識し、非常に複雑なテーマを取り上げながらも簡潔で面白いプレゼンに仕立てる。今話している相手が学者だと分かり、張り切ってひも理論について語り始めた白人がいるとしよう。その知識は間違いなく、ルームランナーの上で走っていた二〇分にＴＥＤトークで仕入れたもの。白人は自分が相手と同等か、それ以上の知識を持っていると考えていることも覚えておくべき。

惜しむらくは、ＴＥＤトークが悲しみと絶望をもたらすことだ。どういうことかって？　白人はいつかの日か実際のＴＥ

Dカンファレンスに出席してみたいと夢見ているが、六〇〇〇ドルというお値段と招待客限定の方針は大きなハードル。かなえられる白人は数少ない。千年もの間、高級会員制クラブ（例えば私立校、政治、アイスホッケー）への参加に親しんできた白人たちにとって、これは慣れない事態なのだ。

★注意★TEDカンファレンスへの招待状を持たない白人をなぐさめるために、次のようなアイロニー（28参照）を使うのはやめよう。

「高価な招待客限定クラブに入れないのはおつらいでしょうね。有色人種として経験があるのでよく分かります」

「メンサ（IQの高い人だけが入れる国際組織）にも入れなかったんでしょ？」

謝辞

妻のジェシカ・ランダーに感謝したい。愛情と支援をくれたから。

父のリチャードに感謝したい。私にユーモア感覚をくれたから。

弟のアーロンに感謝したい。私の尊大さを指摘してくれたから。

私が学んだ大学三校に感謝したい。創造的刺激が得られたから。

また、マイルス・ヴァレンティンにも感謝したい。彼の創造的刺激と卓越した才能のおかげで、「アジア系の女の子」と「オスカーパーティー」（本書に未収録）を書くことができたから。

訳者あとがき

本書の魅力は、誰もが腹を抱えて笑えることにある。雑多な人種が微妙なバランスで共存するアメリカにあって、これは貴重なことだ。

人種ジョークは難しい。特に恵まれていることになっている白人は、差別者の烙印を押されぬよう発言に気を使う。怒りを向けようにも、自分の親とか洗練されていない白人とか「仲間うち」で相手を選ぶはめになる。特に著者は白人が多数派とは言えないロサンゼルスの住人だから、立場の危うさは実感しているだろう。「アホでマヌケな」アメリカ白人にならないよう努力しているうえ他の人種に押され気味という、全米同胞のやるせなさは承知のはずだ。

本書はそんな自分たちを切り刻むことによって笑いを生み出す、鮮やかな返し手と言っていい。自分の人種を取り上げるコメディアンは数あれど、白人が白人全体をひとからげに笑う例はこれまで少なかった。人数も多いし、特に共通点も変わったところもないしということだったのかもしれないが、本書はどうして面白い。白人自身はもちろん、白人ではない人も「支配者」を揶揄する特権があるから大喜びだ。まじめなのかふざけているのか分からない白人操縦指南に、思わず吹き出さぬ読者はないはず。

本書で描かれる白人については少し説明が必要かもしれない。前述のように彼らは、「無知で傲慢な」アメリカ白人と一線を画したい自称リベラルなグループで、東西両海岸やシカゴのような大都市に多く生息している。そういう土地に住めるだけあり、社会的には中間層以上である場合が多い。年齢的には明言されていないものの、ベビーブーマージュニアが主な対象だろう(アメリカのベビーブームは一九四六～六四年と長いのでジュニア年齢も幅広いが)。つまり国の外でも中でも、アメリカ白人だからといってふんぞり返れたことのない世代で、かつ前ブッシュ政権の悪行によって自分たちが決定的に世界の鼻つまみ者になったと憤慨している。

本書では一貫して甘えん坊のナルシストといった白人像が描かれているが、はっきり言ってこれは当たっている。親も神も国も大したことをしてくれないと思って育ったからか、愛されるべきステキな自分のキャンペーンに余念がない。

しかし彼らが憎めないのは、学歴の高さに似合わぬ単純さというか素直さと、自分を笑える強みがあるからだ。そもそも「好かれたい」という願望はお人好しな行動につながるし、日本人には大変好意的なグループ。友達になってソンはないのだから、本書で勉強して彼らが隠している(と思っている)プライドをくすぐってあげよう。

それに個人的には、こうした白人の存在が社会の順調さを表している気がしてならない。不景気が長引くにつれ、お気楽で夢見がちな白人が減っている感があるのだ。我が家が二〇〇九年に移住してきた「楽園」ポートランド（オレゴン州）でも、全米トップを争う失業率とあって移民や他州出身者への複雑な感情を目の当たりにする。

己で笑いを取る姿をアメリカ白人の衰退と見るか成熟と見るかは人それぞれだろう。しかしいくら的外れでも白人がよそ者への好意をアピールし、笑いの矛先（?・）を自分に向けているうちはこの国も安泰と思うのだが、いかがだろうか。

最後になったが、多くの方の応援なく本書は日の目を見なかった。まず、私のような若輩者が持ち込んだ原書を取り上げてくださった清流出版の企画部長藤木健太郎氏。熟練編集者として丁寧に手を加えながら、訳者の意向を尊重してくださった藤野吉彦氏。日本版は好きなようにいじってよいと、こちらが心配になるくらい気さくに対応してくれた著者クリスチャン・ランダー氏。先輩として日本から助言を寄せてくれる母、山村宜子（『目覚めよ！借金世代の若者たち』共訳）の存在もありがたかった。そして、アメリカ白人代表として立派に夢の応援をしてくれている夫。ここに礼を述べたい。

二〇一一年二月

ライス山村直子

［著者略歴］

クリスチャン・ランダー Christian Lander

ウェブサイト『Stuff White People Like』のクリエイター。博士課程中退者。2006年、インディアナ大学のパブリック・スピーキング（人前での話し方）講師ナンバー・ワンに選ばれる。これまでカナダのトロント、モントリオール、デンマークのコペンハーゲン、アメリカアリゾナ州のツーソン、インディアナ州に住んだことがある。現在、本書掲載のいくつかの写真を手がけた写真家で妻のジェスとロサンゼルス在住。
本書が出版された後もウェブサイトの人気は衰えず、現在も日々更新されている。2010年秋にはほぼ書き下ろしの続編『Whiter Shades of Pale』も刊行され、自身による宣伝ビデオとともに全米で反響を呼んでいる。

［訳者略歴］

ライス山村直子 らいす・やまむら なおこ

翻訳家・フリーライター。上智大学外国語学部英語学科卒。サンフランシスコ州立大学デジタルコミュニケーション修士課程修了。1998年渡米、現地日系メディア勤務などを経てフリーライターに。訳書に『目覚めよ！　借金世代の若者たち』。長年住んだカリフォルニアを離れ、現在「アメリカ白人の楽園」オレゴン州ポートランド在住。

ステキなアメリカ白人という奇妙な生き物
――その生態と正体［公式ガイドブック］

二〇一一年三月十日　初版第一刷発行

著　者……クリスチャン・ランダー
訳　者……ライス山村直子

発行人……加登屋陽一
発行所……清流出版株式会社
東京都千代田区神田神保町三―七―一　〒一〇一―〇〇五一
電話　〇三（三二八八）五四〇五
振替　〇〇一三〇―〇―七七〇五〇〇
〈編集担当　藤木健太郎〉
http://www.seiryupub.co.jp/
印刷・製本……株式会社シナノパブリッシングプレス
乱丁・落丁はお取替え致します。
ISBN978-4-86029-338-3

アメリカ白人の好きな本（★お勧めコメント付きで紹介!）

◆デイブ・エガース『A Heartbreaking Work of Staggering Genius（仮題：たじろぐ天才の悲痛な仕事）』★「僕らの世代を代表する本と言っていいね。僕らの今と未来の夢をとらえている」

◆ジョナサン・サフラン・フォア『エブリシング・イズ・イルミネイテッド』★「すばらしい本。文章がリズムに乗ってページから飛び出してくるよう。読んでくれと叫んでいるよ」

◆マイケル・チャボン『カヴァリエ&クレイの驚くべき冒険』★「一冊目も良かったけれど、作家としてのチャボンはこの小説でホンモノになったね。創作文学と子どもの頃好きだったコミックの魅力を見事に合体させている」

◆ヘンリー・ジェイムズの著書すべて★「無人島に送られるなら、ジェイムズの名文をポケットに入れて行きたいね。何カ月でも思想に浸っていられること間違いなしさ」

◆ビクトリア文学すべて★「『プライドと偏見』『嵐が丘』『虚栄の市』が好きだって？ どれも映画化されている作品だけど、本当に読んだの？」

◆マイケル・ポラン『The Omnivore' s Dilemma（仮題：雑食動物のジレンマ）』★「食べ物にまつわる政治には興味が尽きない。読み手の食生活も考え方も変える本だね」

◆ジェイムズ・ジョイス『フィネガンズ・ウェイク』★「ジョイスはいいね。『ダブリン市民』の方がアイルランド人魂をとらえているとは思うけど」〔注：実は読んだことがない場合、本自体から話題をそらすのは白人の得意技〕

◆ウィリアム・バロウズ『ジャンキー』★「トレイン・スポッティング見た？ バロウズはこの本で、60年代に同じことをやっていたんだ」〔注：ドラッグや殺人を扱った『裸のランチ』は話題に出さないこと。白人はこの本を理解しているフリすらしようとしない〕

◆ジャック・ケルアック『路上』★「16歳の時にこの本に出会ったんだ。2ページ目を読む頃には、自分もライターになるって決めていたよ」〔注：「上級」の白人はこの本を好むタイプの人間が嫌い〕

◆チャック・パラニューク『ララバイ』★「『ファイトクラブ』はちゃんと読んだこともないんだ。一般には一番知られているけど、パラニュークは他の作品の方が断然いいね」

◆ニック・ホーンビィ『いい人になる方法』★「95年の『ハイ・フィデルティ』を読んで、ホーンビィの大ファンになったんだ。彼は一冊出すごとに良くなるね。でも自分のベストを選べといわれたらこれだな」

◆ジェイ・マキナニー『再会の街―ブライト・ライツ、ビッグ・シティ』★注：この本は第二人称で書かれている（「君は外に出た」というように）。これを相手が知らない場合は、マイケル・J・フォックス主演の映画を見ただけで原作は読んでいないということ。便利なテストとして使える。

◆ブレット・イーストン・エリス『アメリカン・サイコ』★「芝居がかった昼メロみたいだなんて思っていたのに、最後にしっかり何かが残るのがエリスの本だ。読後にどれだけ考え続けたか知れないよ」

◆デヴィッド・フォスター・ウォレス『Infinite Jest（仮題：永遠の笑い草）』★「この本、1000ページ以上あるって知ってた？ 高校の春休みに読んだんだ。1000ページだよ!」

◆マルセル・プルースト『失われた時を求めて』★「いつか読んでみたいなあ」〔注：15巻すべてを実際に読んだことがあるのは、英語の修士号取得者くらいのもの〕

写真提供
iStockphoto®：5,6,7,8,10,11,12,13,14,16,17,19,22,25,26,28,31,35,36,37,39,40,41,42,44,46,47,48,49,50,51,52,53,54,55,56,57,58,59,60,61,63,64,65,67,69,70,71,72,73,75,76,78,80,82,83
Jess Lander：1,2,3,4,9,15,18,20,21,23,24,27,29,30,32,33,34,43,45,62,66,68,74,77,79,81,84,85
Jill Schwartzman：38
Lisa Louise：86
TED：87